LE CHEVALIER DE LA CHARRETTE

Paru dans Le Livre de Poche :

LE CHEVALIER AU LION

LE CONTE DU GRAAL

ÉREC ET ÉNIDE

PERCEVAL OU LE CONTE DU GRAAL

ROMANS DE LA TABLE RONDE (*La Pochothèque*)

LETTRES GOTHIQUES
Collection dirigée par Michel Zink

Chrétien de Troyes

Le Chevalier de la Charrette

ou

Le roman de Lancelot

Traduction de Charles MÉLA
avec la collaboration de Catherine BLONS-PIERRE
Préface de Charles MÉLA
Commentaire et notes par Catherine BLONS-PIERRE

LE LIVRE DE POCHE

© Librairie Générale Française, 1992 et 1996.

ISBN : 978-2-253-09821-8 – 1re publication - LGF

Chrétien de Troyes, l'inventeur du roman

« Les romans de Chrétien de Troyes ». Pour le lecteur
moderne, tout paraît simple. Le roman est une notion
familière, un nom d'auteur s'impose pour toute création
originale, la vie et l'œuvre constituent le minimum à
savoir pour introduire au plaisir de la lecture. Avec la
littérature médiévale du XIIe siècle le cadre fait défaut,
les repères manquent souvent, les certitudes s'estompent,
les mots eux-mêmes sont trompeurs. Ainsi « auteur »,
« roman » ont-ils d'autres sens, et de « Chrétien de
Troyes » ne savons-nous rien, hormis ce qu'il dit de lui-
même au début ou à la fin d'œuvres où ce nom figure.
Aucun exemplaire d'auteur, enfin, mais des copies de
copies aux multiples variantes, cinquante ans au mieux ou
un, voire deux siècles plus tard.

Essayons pourtant de fixer le vocabulaire à partir d'un
exemple sûr. Le 29 décembre 1170, Thomas Becket,
l'archevêque de Cantorbéry, fut tué dans sa propre cathé-
drale par quatre chevaliers de la maison du roi d'Angleterre, Henri II Plantagenêt. Deux ans après sa mort, un
clerc, Guernes de Pont-Sainte-Maxence, rédige « la vie du
saint martyr » en strophes monorimes de cinq alexandrins.
Il s'agit d'un récit hagiographique, composé d'abord
selon l'aveu de son auteur par ouï-dire, puis retravaillé à
partir d'informations sûres recueillies auprès de témoins
et d'amis du saint Chancelier. Le tout, soit un peu plus de

6 000 vers, lui a coûté quatre ans de travail. S'il appelle cette *Vie* un « bon roman », il faut comprendre qu'il ne l'a pas écrite en latin, comme les *Vitae* où il a aussi puisé des renseignements, mais en bonne langue *romane*, autrement dit en français, ainsi qu'il le précise :

> « Mon langage est bon, car je suis né en France. »

Celui que de nos jours nous appelons l'auteur se présente lui-même, dans la langue médiévale, comme un « trouveur », soucieux de « bien dire », revendiquant la vérité de son récit, mais aussi bien l'art de celui-ci, selon les préceptes de la rhétorique qui tour à tour abrège ou amplifie le trop ou le trop peu et finalement « ajuste » à la bonne mesure. À ce double titre, de l'art et de la vérité, mériterait-il de faire un jour lui aussi autorité, conformément à la valeur médiévale du mot latin d'*auctor*, l'« auteur » étant celui qui autorise une tradition, parce qu'il l'a fondée et qu'il l'authentifie : père et garant tout ensemble. De ce fait, les *auctores*, les auteurs par excellence, ce sont les grands classiques de l'Antiquité. Quant au mot d'« écrivain », il apparaît aussi dans le prologue de Guernes, mais pour désigner les copistes ou les secrétaires qui lui ont dérobé avant l'heure des exemplaires du travail qu'il leur dictait, pour les vendre à des puissants. L'œuvre, on le voit, intéresse les cours, et des indélicats n'hésitent pas à en faire commerce !

Ce bref aperçu de la terminologie et de la mentalité propres à la vie littéraire médiévale n'empêche pas qu'à la même époque, un certain Chrétien de Troyes se soit imposé dans notre histoire littéraire comme un *auteur*, au sens moderne. Il était originaire d'une ville de foire qui constituait un centre d'échanges commerciaux et intellectuels important entre le Nord de l'Europe et le bassin méditerranéen. Clerc de formation, il avait pratiqué les œuvres de Virgile et d'Ovide et en avait traduit certaines. De puissants commanditaires s'étaient attaché ses services, comme la comtesse Marie de Champagne, fille d'Aliénor d'Aquitaine et du roi de France Louis VII, ou comme Philippe d'Alsace, le puissant comte de Flandre, qui justement protégea Thomas Becket, partit lui-même en croisade et devint pendant la tutelle du futur roi de France, Philippe-Auguste, le régent officieux du royaume. Comme poète lyrique, Chrétien rivalisa avec les troubadours, ses contemporains, mais il fut surtout sensible aux récits d'«aventures» colportés par des conteurs gallois ou bretons qui traitaient de légendes de l'ancienne Bretagne, du «temps de Merlin» et il sut mieux que d'autres avant lui faire émerger d'une langue romane issue du latin, à savoir le français, devenu langue écrite et de culture, cette forme originale de littérature que nous appelons le *roman*.

Il en avait l'orgueil, à en croire le prologue de son premier «conte», intitulé *Erec et Enide*, où l'auteur met ces fières paroles dans la bouche du récitant professionnel ou jongleur, chargé de la diffusion orale de ses œuvres parmi le public des cours (l'habitude de lire était, au XIIe siècle, dans le nord de la France, réservée aux membres de l'Église, aux étudiants formés dans les écoles abbatiales et épiscopales et devenus des clercs après avoir reçu la tonsure avec les ordres mineurs, et aux princes cultivés) :

> «Me voici prêt à commencer l'histoire
> qui restera à jamais dans la mémoire
> aussi longtemps que vivra la Chrétienté.
> C'est de quoi Chrétien s'est vanté. »

Cette affirmation tranche avec l'anonymat d'autres romans de la même époque ou avec la fiction d'auteur des grands romans arthuriens en prose du XIIIe siècle, qui se réclament de Merlin l'enchanteur, le fils du diable, comme de leur auteur. Elle signe une prise de conscience des pouvoirs créateurs de l'homme et de la dignité nouvelle de ses œuvres. La naissance du roman fut aussi un humanisme.

Mais surtout Chrétien en trouva la formule, celle de l'*errance* d'un être en *quête* de soi-même et de son identité profonde, quand survient la *rencontre* d'amour qui l'éveille à une vérité intérieure oubliée, méconnue, voire insoupçonnée. D'où « l'aventure » offerte en chemin à l'homme qui a pris le risque de hasarder sa vie pour en savoir plus et la « merveille » propre à ravir un cœur qui l'attendait à son insu, telle une réponse venue d'ailleurs à ce qui se cache au plus intime de soi. Devenir soi en traversant un Monde tout Autre, comment mieux illustrer la complicité qui désormais s'installe et pour longtemps entre le récit romanesque, toujours ouvert au monde, et l'exploration de la psychè humaine, obstinément fermée à elle-même ?

Lancelot, aujourd'hui

Notre modernité s'est inventée au long de ce Moyen Âge qui nous est devenu étranger au point de nous déconcerter. L'incompréhension des critiques cinématographiques à la sortie du film de Jerry Zucker, *First Knight* (en français : *Lancelot, le premier chevalier),* en est une nouvelle preuve. S'étonner de l'absence de Merlin, de Morgane et du Graal dans une histoire de la Table Ronde donne la mesure de nos ignorances en pareille matière. Le premier grand roman qui traite des aventures de Lancelot, à savoir *Le Chevalier de la charrette* de Chrétien de Troyes, est en effet antérieur à l'apparition du Graal dans notre littérature. Il ne connaît que les amours du meilleur chevalier de la Table Ronde avec la femme du roi Arthur, sur le modèle de celles de Tristan et d'Yseut. Il est grand temps (puisse la présente publication en Livre de Poche y aider !) que le plus large public redécouvre en France le scénario premier d'où émergea le roman. N'en déplaise aux anti-hollywoodiens de principe qui se gaussent d'un Camelot illuminé dans un décor de carton-pâte digne de Walt Disney ou d'un Lancelot mi-« lonesome cowboy » mi-Robin des Bois et aux médiévistes sourcilleux qui s'indignent de n'y plus retrouver leur Chrétien (pas de charrette en effet, ni de Pont de l'Épée, ni de nain inquiétant, ni de roi Bademagu, ni de pays de Gorre, mais des mini-arbalètes façon *Star War* ou *Mad Max,* de toutes manières anachroniques, une mort d'Arthur inédite et un *happy end* de convention), le metteur en scène américain a su saisir l'essentiel de l'amour courtois, cette « fine amour » qui semble du passé et qui fait à tort sourire le spectateur moderne.

Richard Gere incarne cette *fureur* sauvage et rieuse qui habite un héros invincible, surgi d'un ailleurs de désespoir, capable de tout, parce que la vie ne lui est rien, et, pour cette raison, à même d'inspirer l'amour. Mais que Julia Ormond, dans le rôle de la reine Guenièvre, puise en vraie femme dans la violence charnelle de la passion qui l'envahit la force même de la contenir, et que son sauveur, sur le point d'être son vainqueur, reste soudainement interdit devant elle, parce qu'il a choisi de se maîtriser, à ses dépens, plutôt que de vouloir se rendre maître de la femme aimée, qu'il consente ainsi à son refus pour la laisser libre de son choix et, pour tout dire, renonce par amour à la satisfaction de l'amour, autant de scènes où le réalisateur s'est montré à la hauteur du nouvel art d'aimer que le Moyen Âge a vu naître.

La retenue du héros qui pouvait tout et qui, pour cette raison même, consent à sa perte signifie en vérité un gain de désir, ce qui est aussi un gain de civilisation. L'épreuve d'amour gagne un cœur solitaire et violent, libre de toute entrave, à la cause des compagnons de la Table Ronde et de leur roi, duquel dépendent l'ordre du monde et l'avènement d'une société humaine. La vieillesse toute de majesté d'un Sean Connery dans le rôle du roi Arthur, figure du père qui reconnaît en Lancelot l'être d'exception et de perfection appelé à la fraternité mystique des Compagnons, voit se dresser contre elle l'Ennemi, comme on disait au Moyen Âge, le prince rebelle, Méléagant, déchu de la place qu'il occupait au sein de la Table Ronde, avant que son rival n'y soit promu, celle du « premier chevalier ». Son orgueil et sa cruauté, dans la haine de la Loi, ravivent à travers lui le souvenir de Lucifer, l'Ange Maudit.

Une humanité rachetée viendrait-elle dès lors, avec Lancelot, combler à la Table du Père le vide laissé dans les hiérarchies célestes par la chute des mauvais anges ? Méléagant et Lancelot ressemblent encore à deux frères engagés dans une lutte à mort, sitôt que la femme du « père » devient un enjeu. Ainsi se révèle le sens que prend au XIIᵉ siècle le véritable amour, à savoir de conjurer les puissances de l'abîme qu'il suscite aussi bien, au travers de résonances œdipiennes ou sous forme de doubles maléfiques rencontrés en chemin. La vérité à laquelle la « fine amour » éveille est dès lors, fût-ce dans l'échec, source d'un mouvement où se fonde *à nouveau* la Loi dans la vie des hommes.

Charles MÉLA.

RÉSUMÉ CHRONOLOGIQUE
DU *CHEVALIER DE LA CHARRETTE*

Un jour de l'Ascension surgit en pleine cour du roi Arthur un chevalier venu du Pays sans Retour, qui enlève la reine. C'est Méléagant, le fils du roi de Gorre. Parti à sa poursuite, Gauvain, le neveu d'Arthur, rencontre en chemin un mystérieux chevalier, déjà parti à la recherche de la reine, qui accepte, à l'invitation d'un nain, pour en savoir plus, de monter dans la charrette des condamnés, suprême infamie. Le soir même, au Château de la Lance enflammée, Lancelot s'endort en vainqueur dans le lit interdit.

Le deuxième jour, après avoir appris l'existence de deux passages pour entrer dans le royaume de Gorre, le Pont sous l'Eau que choisit Gauvain et le Pont de l'Épée où il se dirige, il traverse le Gué défendu et passe la nuit au château d'une hôtesse amoureuse qui lui offre après un simulacre de viol, de partager son lit, ce qu'il s'interdit lui-même.

Le troisième jour, accompagné de la jeune femme, il est défié par le prétendant de celle-ci, mais dans le Pré aux jeux, le père de ce dernier empêche son fils de combattre, tandis qu'il parvient au Cimetière futur, force sa propre tombe et se trouve ainsi consacré comme le Sauveur attendu par tous les exilés de Logres au royaume de Gorre.

Au quatrième jour, il franchit le Passage des Pierres et conduit à la victoire un soulèvement spontané des gens de Logres.

Le cinquième jour, provoqué par le chevalier orgueilleux, il lui tranche la tête, à la demande d'une énigmatique jeune fille à la mule fauve.

Le sixième jour, il franchit la merveille du Pont de l'Épée et, le septième jour, sous les yeux de la reine qui révèle son nom, Lancelot affronte Méléagant, dont le père, le roi Bademagu, obtient l'ajournement du combat à la cour d'Arthur. Mais la reine, sans raison apparente, accueille sans un mot ni un regard son libérateur.

Lancelot est reparti à la recherche de Gauvain, mais il est, par méprise, capturé. On le croit mort, il croit lui-même la reine morte et tente de se suicider. Deux jours s'écoulent. Le soir du neuvième jour, à son retour, se produit la merveille : la nuit d'amour entre la reine et Lancelot.

Au matin du dixième jour (c'est la veille de la Pentecôte), Méléagant découvre les draps tachés de sang et accuse d'adultère le sénéchal Keu qui dormait, blessé et malade, dans la chambre de la reine. Lancelot soutient contre lui un combat judiciaire, qu'interrompt de nouveau le roi. Il part alors chercher Gauvain, mais tombe, en route, dans le piège d'un nain à la solde de Méléagant.

Quelque temps passe en de vaines recherches, puis, trompés par un faux message, la reine, Gauvain, Keu et tous les captifs rentrent en une semaine à la cour d'Arthur.

Entre-temps, en l'absence de la reine, les dames ont décidé d'organiser un tournoi à Noauz (« le Pis »), afin que les demoiselles prennent les meilleurs pour maris. La reine, de retour doit y assister, ce qu'apprend Lancelot retenu prisonnier chez le sénéchal de Méléagant. Il obtient de son amoureuse geôlière la permission d'y participer et s'y rend, incognito, en armes vermeilles. Durant deux jours, il alterne, sur l'ordre secret de la reine, le pire et le meilleur.

Rentré dans sa prison, il est emmuré dans une tour isolée en bord de mer que Méléagant fait construire en cinquante-sept jours, avant de se rendre à la cour d'Arthur pour défier Lancelot en son absence dans le délai d'un an. Mais la sœur du traître, qui n'est autre que la jeune fille à la mule fauve, part à sa recherche une année durant, le retrouve et lui rend la vie.

Lancelot retourne à la cour juste à temps pour relever le défi qui expirait le même jour. Il ne laisse à personne le soin de tuer, dans un dernier combat, Méléagant.

C. M.

LES PERSONNAGES PRINCIPAUX
DANS *LANCELOT* (par ordre d'apparition)

Le roi Arthur : époux de Guenièvre, souverain du royaume de Logres (Angleterre), roi des chevaliers de la Table Ronde. Il semble être tombé sous l'emprise étrange d'un autre royaume, celui de Gorre.

La reine Guenièvre : épouse du roi Arthur, convoitée par Méléagant, qui l'enlève au sénéchal Keu, chargé de la protéger. Elle règne en souveraine dans le cœur et les pensées de Lancelot.

Keu : sénéchal du roi Arthur, réputé pour ses sarcasmes, accompagne la reine Guenièvre tout au long de sa captivité chez le père de Méléagant.

Méléagant : fils du roi de Gorre, dont il est en tout point le contraire : orgueilleux, cruel et traître. Il affronte à trois reprises Lancelot en combat singulier.

Gauvain : neveu préféré du roi Arthur, modèle de chevalerie et proche compagnon de Lancelot. Parti en quête de la reine, il emprunte un autre chemin que Lancelot.

Lancelot du Lac : chevalier de la Table Ronde et amant de la reine. Jusqu'au vers 3660, il n'apparaît que sous le nom de chevalier de la charrette, dont il porte la honte, car la charrette est réservée aux criminels et aux parjures. Il fut dans son enfance élevé par une fée, qui lui fit don d'un anneau lui permettant de déjouer les sortilèges.

Le roi Bademagu : père de Méléagant, roi du royaume de Gorre, d'où nul n'est jamais revenu et où sont retenus prisonniers des sujets du roi Arthur. Loyal et généreux, il adoucit la captivité du sénéchal Keu et veille sur l'honneur de la reine Guenièvre, tous deux emprisonnés par son fils, chez lui.

Cette liste n'est nullement exhaustive. Nombreux sont en effet les personnages secondaires, voire les simples figurants qui n'apparaissent que l'espace d'un vers. Ils ne sont pour le lecteur que des noms, tandis que d'autres, dont le rôle est parfois assez étoffé, restent anonymes, tels la demoiselle entreprenante ou le père sage et son fils présomptueux.

LE CHEVALIER DE LA CHARRETTE

Puisque ma dame de Champagne[1] veut que j'entreprenne de faire un roman[2], je l'entreprendrai très volontiers, en homme qui lui est entièrement dévoué dans tout ce qu'il peut faire en ce monde, [sans avancer la moindre flatterie.] Tel autre cependant le ferait en tentant de glisser un propos flatteur, il dirait ainsi, et je m'en porterais témoin, que c'est la dame qui surpasse toutes celles qui sont en vie, comme tout parfum surpasse la brise qui souffle en mai ou en avril. En vérité, je ne suis pas homme à vouloir flatter sa dame. Irai-je dire que la comtesse vaut autant de reines qu'une seule pierre précieuse peut valoir de perles et de sardoines[3] ? Certes non, je ne dirai rien de tel, même si c'est vrai, que je le veuille ou non, mais je dirai qu'en cette œuvre son commandement fait son œuvre bien mieux que ma sagesse ou mon travail. Chrétien commence son livre à propos du Chevalier de la Charrette ; la matière et le sens lui sont donnés par la comtesse, et lui, il y consacre sa pensée, sans rien ajouter d'autre que son travail et son application.

1. Il s'agit de Marie de Champagne, fille d'Aliénor d'Aquitaine et de Louis VII, qui a épousé Henri le Libéral (1127-1181), comte de Champagne. Très cultivée, elle a constitué autour d'elle un cercle littéraire rassemblant les plus brillants écrivains de son époque comme Gace Brûlé, Blondel de Nesle et Chrétien de Troyes. 2. *Roman :* œuvre écrite en langue romane et non en latin. 3. *Sardoine :* pierre précieuse de couleur brunâtre.

Un jour de l'Ascension[1], nous dit-il, le roi Arthur avait tenu sa cour avec tout le lustre et la beauté qu'il souhaitait, comme il convenait à un roi. Après le repas le roi ne bougea pas et ne s'éloigna pas de ses compagnons ; il y avait dans la salle quantité de nobles ; la reine y était présente, et avec elle, me semble-t-il, maintes belles dames courtoises[2] habiles à parler en langue française. Keu avait fait le service des tables et il mangeait avec les connétables[3]. Comme Keu était assis pour manger, voici qu'arrive à la cour un chevalier soigneusement équipé et tout armé de pied en cap. Dans cette tenue, le chevalier parvint devant le roi, à l'endroit où il était assis au milieu de ses fidèles. Sans le saluer, il lui dit :

« Roi Arthur, je retiens prisonniers des chevaliers, des dames, des jeunes filles qui sont de ta terre et de ta compagnie, mais je ne t'apporte pas de leurs nouvelles dans l'intention de te les rendre ! Au contraire, je veux te dire et te faire savoir que tu n'as pas la force ni la richesse grâce auxquelles tu pourrais les ravoir. Sache-le bien, tu mourras sans jamais pouvoir leur venir en aide. »

Le roi répond qu'il doit le supporter, puisqu'il ne peut y remédier, mais il en est peiné douloureusement. Alors, de toute évidence, le chevalier veut s'en aller, il fait demi-tour, sans plus s'attarder devant le roi, et il parvient à la porte de la salle. Mais il ne redescend pas les marches, il s'arrête et, de là, il ajoute :

« Roi, s'il se trouve à ta cour un seul chevalier à qui tu ferais assez confiance pour oser lui donner la charge de

---

1. À l'occasion d'importantes fêtes religieuses comme l'Ascension ou la Pentecôte, il y avait de grandes réjouissances au Moyen Âge, à la cour des souverains ; c'est pourquoi le roi Arthur tient ici une cour particulièrement somptueuse. 2. La courtoisie au XIIe siècle impliquait un idéal de vie qui correspondait à une exaltation de l'honneur et de l'amour. Il ne s'agissait pas à cette époque d'une simple question de politesse ou de civilité. 3. *Connétables :* nobles chargés du service de la table du roi. Fonction honorifique. Keu est responsable de la bonne marche de ce service ainsi que de celle de l'ensemble de la maison royale ; il a à ce titre la fonction de sénéchal du roi Arthur. C'est donc un personnage important à la cour.

conduire la reine à ma suite dans ce bois là-bas où je vais, je m'engage à l'y attendre et à te rendre tous les prisonniers qui vivent en exil sur mes terres, s'il est capable de la conquérir contre moi et s'il réussit à la ramener. »

Ils furent nombreux dans la grande salle à l'entendre, et la cour en fut tout alarmée. La nouvelle parvint aux oreilles de Keu, en train de manger avec les hommes de service. Il laisse alors son repas, s'en vient droit au roi et se met à lui dire sur le ton de la colère : « Roi, je t'ai servi très longtemps avec fidélité et loyauté. Aujourd'hui je prends congé de toi, je vais m'en aller et je ne serai plus jamais à ton service. Je n'ai plus la moindre envie de te servir dorénavant. »

Le roi est affligé par ce qu'il entend. Cependant, dès qu'il retrouve la parole, il s'empresse de lui dire : « Est-ce pour de bon ou pour rire ? » Et Keu de lui répondre : « Cher roi, mon seigneur, je ne suis pas présentement d'humeur à rire, c'est pour de bon que je prends congé, et sans vous demander pour mes services d'autre avantage ou récompense. C'est ainsi, ma décision est prise de m'en aller sur-le-champ.

— Est-ce de colère ou par fâcherie, dit le roi, que vous voulez partir ? Sénéchal[1], restez à la cour selon votre habitude et soyez sûr que je n'ai rien en ce monde que je ne vous donne sur l'heure, pour vous voir rester.

— Sire, fait-il, c'est inutile, je n'en ferais rien, même pour une mesure d'or très pur, chaque jour. »

Voilà le roi au désespoir ; il s'est approché de la reine :

« Madame, dit-il, vous ne savez pas ce que me demande le sénéchal ? De pouvoir partir ! Il dit, je ne sais pourquoi, qu'on ne le verra plus à ma cour. Ce qu'il ne veut pas faire pour moi, sur votre prière, il le fera aussitôt. Allez le voir, ma chère amie ! Puisqu'il ne daigne pas rester pour moi, suppliez-le de rester pour vous. Jetez-vous même à ses pieds, car je n'aurais plus jamais de joie, si je perdais sa compagnie. »

Le roi envoie alors la reine voir le sénéchal, et elle y va.

---

1. *Sénéchal :* voir la note précédente.

Elle le trouva avec les autres[1]. Quand elle arriva devant lui, elle lui dit :

« Keu, me voici très contrariée, après ce qu'on m'a dit de vous. On m'a raconté, et cela me désole, que vous voulez quitter le roi. D'où vous vient cette idée ? Qu'avez-vous en tête ? Je ne vous en tiens pas pour raisonnable ni pour courtois, comme à l'accoutumée. Je vous prie de rester, c'est ma volonté. Keu, je vous en prie, restez !

– Madame, fait-il, de grâce ! Il ne saurait être question que je reste. »

Et la reine continue de le supplier, ainsi que tous les chevaliers ensemble, Keu lui répond qu'elle se dépense absolument en pure perte. Et la reine, de toute sa hauteur, se laisse tomber à ses pieds. Keu la prie de se relever, mais elle dit qu'elle n'en fera rien, elle ne se lèvera pas avant qu'il lui ait accordé ce qu'elle veut. Alors Keu lui a fait la promesse de rester, à condition que le roi lui accorde par avance ce qu'il voudra et qu'elle-même en fasse autant[2].

« Keu, dit-elle, quoi que ce soit, nous vous l'accorderons lui et moi. Mais maintenant venez, allons lui dire que dans ces conditions vous restez. »

Et Keu s'en va avec la reine. Les voici venus devant le roi :

« Sire, j'ai pu retenir Keu, fait la reine, mais non sans mal. Mais je vous le donne à la condition que vous ferez ce qu'il exigera. »

Le roi en a poussé un soupir de joie et il promet qu'il fera ce qu'il demande, quoi que ce soit.

« Sire, fait-il, apprenez donc ce que je veux et quelle est la promesse que vous m'avez faite. Je me félicite vraiment si je l'obtiens de votre bonté. C'est la reine que je vois ici que vous avez accepté de remettre entre mes

---

1. Les changements de temps brutaux (par exemple, emploi d'un présent auquel succède immédiatement un passé simple) sont fréquents dans la littérature médiévale. **2.** Il s'agit de ce qu'on appelle au Moyen Âge un don contraignant, c'est-à-dire une promesse à laquelle on s'engage sans en connaître la nature.

mains. Nous irons à la suite du chevalier qui nous attend dans la forêt. »

Le roi est mécontent, pourtant il l'investit de cette mission, car il n'a jamais manqué de parole, mais il le fit avec tristesse et à contrecœur, comme on le voyait bien à son visage. La reine aussi fut consternée. Et tous, au palais, disent que cette requête de Keu n'était qu'orgueil, insulte et déraison. Le roi prend alors la reine par la main, et il lui dit :

« Madame, fait-il, sans conteste il vous faut aller avec Keu.

– Eh bien, dit celui-ci, donnez-la moi ! N'ayez donc pas la moindre crainte, je saurai bien la ramener saine et sauve et toute joyeuse. »

Le roi la lui remet, et il l'emmène. Derrière eux sortent tous les autres, et il n'y en a pas un seul qui ne soit très inquiet. Apprenez que le sénéchal a mis ses armes et qu'on amena au milieu de la cour son cheval. Un palefroi[1] se tenait à côté, en tous points digne d'une reine. La reine vient au palefroi, qui n'était ni rétif ni ombrageux. Morne et triste, tout en soupirant, la reine monte, et elle dit tout bas pour qu'on ne l'entende pas :

« Ami, si vous le saviez, jamais, j'en suis sûre, vous ne me laisseriez, sans vous y opposer, emmener d'un seul pas ! »

Elle a cru le dire tout bas, mais le comte Guinable l'entendit : tandis qu'elle montait, il était près d'elle. À son départ, la douleur fut si grande chez tous ceux et celles qui la voyaient qu'on eût dit qu'elle fût morte et mise en bière. On ne croit pas que de sa vie elle en revienne jamais. Ainsi dans son orgueil le sénéchal l'emmène-t-il là où l'autre l'attend. Mais personne, en

---

1. Le cheval est pratiquement l'unique moyen de transport au Moyen Âge. Il en existe plusieurs types : le destrier est la monture rapide et résistante que le chevalier utilise au combat ou dans les tournois ; le palefroi est destiné à la parade ou à la marche ; le chaceor est utilisé pour la chasse. Ces chevaux sont considérés comme des montures nobles. Il en existe cependant de moins nobles comme le roncin, qui est un cheval de somme. La mule est d'ordinaire réservée aux demoiselles.

dépit du chagrin, ne pensa à les suivre. Monseigneur Gauvain dit enfin au roi, son oncle, en confidence :

« Sire, quelle inconscience que d'avoir agi ainsi ! Et je m'en étonne. Mais si vous suivez mon conseil, pendant qu'ils sont tout près encore, nous pourrions aller, vous et moi, après eux, avec ceux qui voudront venir. Je ne pourrais, quant à moi, m'empêcher de partir immédiatement à leur suite. Il ne serait pas convenable de ne pas les pourchasser au moins jusqu'à ce que nous apprenions ce qu'il adviendra de la reine et comment Keu se conduira.

– Hélas! cher neveu, fait le roi, comme vous parlez en homme d'honneur ! Puisque vous en prenez l'initiative, donnez donc l'ordre qu'on sorte les chevaux, qu'on leur mette freins[1] et selles, et qu'il n'y ait plus qu'à partir. »

Voici qu'on amène les chevaux, avec leurs harnais et leurs selles, le roi monte le premier, puis monseigneur Gauvain, puis tous les autres, à qui mieux mieux : chacun voulut être de la partie. Mais chacun le fit à sa guise : certains y allèrent en armes, bon nombre d'autres étaient désarmés. Monseigneur Gauvain portait son armure. Il fit de plus conduire par deux écuyers deux destriers[2]. Tandis qu'ils approchaient ainsi de la forêt, ils en voient sortir le cheval de Keu, qu'ils ont reconnu. Ils ont aussi vu que les rênes de la bride étaient toutes les deux coupées. Le cheval venait tout seul, l'étrivière[3] tachée de sang, et à l'arrière de la selle l'arçon[4] brisé était en triste état. Personne ne s'en réjouit, on se fait des signes, on se donne du coude.

Bien loin devant toute la troupe monseigneur Gauvain chevauchait. Il n'a guère tardé à voir venir un chevalier au pas sur un cheval épuisé de fatigue, à bout de souffle et tout en eau. Le chevalier a salué monseigneur Gauvain le premier, lequel le salue à son tour. Le chevalier s'est

---

1. *Frein* : mors du cheval. 2. Voir note 1, p. 23. 3. *Étrivière* : courroie par laquelle l'étrier se trouve suspendu à la selle. 4. Les *arçons* sont les parties élevées qui encadrent l'avant et l'arrière de la selle et qui s'y rattachent par des arcs de soutien. L'arçon arrière dont il est ici question s'appelle troussequin. (Pour de plus amples précisions, voir V. Gay, *Glossaire archéologique*, éd. Picard, Paris, 1928, t. 1, p. 53.)

arrêté, en reconnaissant monseigneur Gauvain. Il lui a
dit :

« Seigneur, ne voyez-vous pas que mon cheval est tout
en eau et dans un état tel qu'il n'est plus d'aucun secours ?
Je crois que ces deux destriers sont à vous. Je vous prierai
donc, en vous promettant de vous rendre pareil service, de
bien vouloir me prêter ou me donner l'un d'eux,
n'importe lequel. »

L'autre lui dit :

« Choisissez donc parmi les deux celui qu'il vous
plaît. »

Mais lui, dans le grand besoin où il est, n'alla pas
chercher le meilleur, ni le plus beau ni le plus grand. Il
préféra bondir sur celui qu'il trouva le plus près de lui,
pour aussitôt le lancer au galop, laissant là le sien qui
tombe mort, tant il l'avait ce jour-là fatigué, tourmenté et
surmené. Le chevalier, sans jamais s'arrêter, pique des
deux à travers la forêt et, derrière, monseigneur Gauvain
le poursuit, dans une chasse acharnée qui le mena
jusqu'en bas d'une colline. Après avoir fait bien du
chemin, il retrouva mort le cheval qu'il avait donné au
chevalier et il vit le sol tout piétiné par des chevaux et,
tout autour, un amas de lances et d'écus brisés. De toute
évidence, il y avait eu une grande bataille entre plusieurs
chevaliers et il regretta, mécontent, de ne pas y avoir
lui-même été.

Mais il ne s'arrête pas longtemps et poursuit plus avant
à toute allure. Il lui arriva enfin de revoir le chevalier, à
pied, et seul, tout en armes, le heaume lacé, l'écu à son
cou, l'épée ceinte au côté[1]. Il avait rejoint une charrette.
Les charrettes servaient à l'époque au même usage que les

---

1. Le *heaume* et l'*écu* font partie de l'équipement du chevalier. L'écu
est le bouclier : au repos, il est suspendu au cou ou porté en bandoulière
par une courroie « guiche » ou « guige » qu'on peut allonger plus ou
moins par l'intermédiaire d'une boucle ; lorsque le chevalier combat, il
se protège avec son écu, il est alors maintenu sur l'avant-bras et la main
par d'autres courroies appelées « énarmes ». Le heaume, sorte de casque,
couvre la tête du chevalier ; il ne touche cependant pas au sommet de la
tête mais se trouve calé latéralement.

pilori[1] de nos jours. Dans chaque bonne ville, où elles sont à présent plus de trois mille, il n'y en avait qu'une en ce temps-là, et elle était commune, comme le sont nos piloris, aux traîtres ou aux assassins, aux vaincus en champ clos et aux voleurs qui ont pris le bien d'autrui furtivement ou qui s'en emparent de force sur les grands chemins. Tout criminel pris sur le fait était placé dans la charrette et mené à travers toutes les rues. Il était exclu de toutes les dignités, il n'était plus écouté à la cour ni accueilli avec honneur ou dans la joie. C'est en raison de l'ignominie de ces charrettes qu'on inventa le dicton : quand charrette verras et rencontreras, fais sur toi le signe de croix et pense à Dieu, pour qu'il ne t'arrive malheur !

Le chevalier, à pied, sans lance, s'approche derrière la charrette. Il voit un nain sur les limons[2], qui tenait, en bon charretier, une longue baguette à la main, et le chevalier dit au nain :

« Nain, au nom du ciel, dis-moi donc si tu as vu passer par ici ma dame la reine. »

L'infâme nain, cette sale engeance[3], n'a pas voulu lui en donner des nouvelles, mais s'est contenté de lui dire :

« Si tu veux monter sur la charrette que je conduis, tu pourras savoir d'ici demain ce que la reine est devenue. »

Il poursuit aussitôt son chemin sans plus l'attendre. Avant d'y monter, le chevalier eut deux pas d'hésitation. Ce fut là son malheur ! Pour son malheur il eut honte d'y bondir aussitôt, et il s'en trouvera bien puni à son gré ! Mais Raison qui s'oppose à Amour[4] lui dit qu'il se garde de monter : elle lui fait la leçon et lui enseigne à ne devoir rien entreprendre qui lui vaille honte ou blâme. Raison qui ose lui dire cela ne règne pas dans son cœur mais seule-

---

1. *Pilori :* poteau équipé d'une plate-forme et d'une roue sur laquelle on attachait les condamnés pour les livrer au mépris du public. **2.** *Limons :* brancards de la charrette auxquels est attelé le cheval mené par le nain. **3.** Le nain est un personnage maléfique au Moyen Âge. **4.** Chrétien de Troyes, comme beaucoup d'auteurs médiévaux, recourt fréquemment aux abstractions personnifiées (ici Raison et Amour) pour insérer des débats théoriques et philosophiques qui lui tiennent à cœur, dans le cadre de son récit.

ment sur sa bouche. Mais Amour qui est enclos dans son
cœur lui commande vivement de monter aussitôt dans la
charrette. Amour le veut, il y bondit, sans se soucier de la
honte, puisqu'Amour le veut et l'ordonne.

Quant à monseigneur Gauvain, il se met au galop pour
rejoindre la charrette. En y trouvant assis le chevalier, il
est au comble de l'étonnement. Puis il dit au nain :

« Parle-moi de la reine, sais-tu quelque chose ? »

Le nain répond :

« Si tu te hais autant que ce chevalier, ici même assis,
monte avec lui, si tu en as envie, et je t'emmènerai avec
lui. »

Quand monseigneur Gauvain l'entendit, il estima que
c'était pure folie et il refusa de le faire. Ce serait perdre
honteusement au change que d'échanger un cheval contre
une charrette !

« Mais va toujours où tu voudras, dit-il, où tu iras, là
j'irai. »

Ils se mettent alors en route, l'un à cheval, les deux
autres en charrette et ils prennent ensemble le même
chemin. Bien après vêpres, ils parvinrent à un château. Ce
château, sachez-le, était aussi puissant que beau. Ils
entrent tous les trois par une porte. La vue du chevalier
qu'on transporte dans la charrette saisit les gens d'étonnement, mais loin de parler à voix basse, ils se mettent à le
huer tous, petits et grands, les vieillards comme les
enfants, à grands cris parmi les rues. Le chevalier
s'entend dire bien des injures et des paroles de mépris.
Tous demandent :

« À quel supplice livrera-t-on ce chevalier ? Sera-t-il
écorché vif ou bien pendu ? Noyé ou brûlé sur un bûcher
d'épines ? Dis-nous, nain, dis, toi qui le traînes : de quel
crime l'a-t-on trouvé coupable ? Est-il convaincu de vol ?
Est-ce un assassin ou un vaincu en champ clos ? »

Et le nain continue de se taire, il ne répond absolument
rien. Il conduit le chevalier là où il doit loger. Gauvain
suit toujours le nain en direction d'une tour sise en un lieu
qui donnait de plain-pied du côté de la ville. De l'autre
côté se trouvait une prairie, et tout contre se dressait la

tour sur une roche brune, haute et taillée à pic. Derrière la
charrette, Gauvain entre à cheval à l'intérieur de la tour.

Dans la salle, ils ont rencontré une très élégante demoiselle, il n'y avait pas plus belle dans le pays. Ils voient
venir deux jeunes filles en sa compagnie, belles et gracieuses. Aussitôt qu'elles virent monseigneur Gauvain,
elles lui firent un joyeux accueil, en le saluant. Elles
demandèrent, à propos du chevalier :

« Nain, quelle faute a commise ce chevalier que tu
mènes comme un paralytique ? »

Mais il ne daigne pas leur donner d'explication. Il fait
descendre le chevalier de la charrette et puis s'éloigne. On
ne sut où il s'en alla. Monseigneur Gauvain descend de
cheval. Des jeunes gens de service s'avancent alors pour
leur ôter à tous deux leurs armes. Ils revêtirent deux manteaux fourrés de petit-gris[1] que fit apporter la demoiselle.
Quand ce fut l'heure du souper, on avait bien apprêté le
repas. La demoiselle eut comme voisin de table monseigneur Gauvain. Ils auraient en pure perte voulu changer
d'hôtel dans l'espoir de trouver mieux, car cette demoiselle sut leur faire grand honneur, et compagnie char-
mante et douce, tout au long de la soirée.

Après qu'ils eurent beaucoup veillé, on leur prépara
deux lits hauts et longs au milieu de la salle, tout près
d'un autre qui était encore plus beau et plus somptueux,
car, ainsi que le conte l'affirme, on y trouvait tout l'agrément qu'on pourrait imaginer dans un lit. Quand l'heure
de se coucher fut enfin venue, la demoiselle prit chacun
des hôtes auxquels elle avait donné l'hospitalité. Leur
montrant deux beaux lits longs et larges, elle leur dit :

« C'est pour votre usage qu'on a fait les deux lits qui
sont ici, à l'extérieur, mais dans le lit qui est là-bas, nul
ne se couche s'il ne l'a mérité. Il n'a pas été fait pour
vous. »

Le chevalier, celui qui était venu dans la charrette,
répond aussitôt à la demoiselle qu'il n'avait qu'un mépris
complet pour son interdiction.

---

1. *Petit gris :* fourrure de l'écureuil du Nord, d'un gris ardoisé.

« Dites-moi, fait-il, la raison pour laquelle ce lit est interdit. »

Elle répondit sans avoir à réfléchir, car elle connaissait bien la réponse :

« Ce n'est pas à vous, dit-elle, qu'il appartient de faire la moindre requête. Un chevalier qui est monté dans une charrette a perdu tout honneur sur terre. Il n'est pas correct qu'il se mêle comme vous le faites de pareille question, ni surtout qu'il veuille coucher dans ce lit. Il ne tarderait pas à le payer cher ! Et je n'y ai pas fait mettre d'aussi riches ornements pour que vous y dormiez. Il vous en coûterait très cher s'il vous en venait seulement la pensée.

— C'est ce que vous verrez, dit-il, sous peu.

— Ce que je verrai ?

— Oui.

— Eh bien, montrez-le !

— Je ne sais à qui il en coûtera, sur ma tête ! fait le chevalier. Peu m'importe que cela déplaise et fâche, je veux me coucher dans le lit que voici et y prendre à loisir mon repos. »

Dès qu'il eut enlevé ses chausses, dans le lit qui était plus long et plus élevé d'une demi-aune[1] que les deux autres, il se couche sous un drap de satin jaune, étoilé d'or, mis en couverture de lit. La doublure n'en était pas de petit-gris râpé, mais de zibeline[2]. La couverture qu'il avait sur lui eût été vraiment digne d'un roi. Le lit n'était pas fait de chaume, ni de paille, ni de vieilles nattes ! À minuit, des lattes du toit une lance jaillit comme la foudre, le fer pointé en bas dans la visée de coudre par les flancs le chevalier à la couverture, aux draps blancs et au lit, là où il était couché ! Sur la lance il y avait une banderole tout embrasée de feu. Le feu prend à la couverture, aux draps et au lit, en bloc, et le fer de la lance frôle au côté le chevalier, lui écorchant un peu la peau, sans vraiment

---

1. *Aune* : ancienne mesure de longueur (1,18 m, puis 1,20 m) ; une demi-aune vaut à peu près 0,60 m. **2.** *Zibeline* : petit mammifère de la Sibérie, dont la fourrure est recherchée.

le blesser. Le chevalier s'est dressé il éteint le feu et saisit la lance, il la jette au milieu de la salle, sans pour autant quitter son lit. Il s'est recouché et il a dormi tout aussi tranquillement qu'il avait commencé de le faire.

Très tôt le lendemain, à la pointe du jour, la demoiselle de la tour leur avait fait préparer une messe. Elle les fit réveiller et lever. Quand on leur eut chanté la messe, aux fenêtres qui donnaient sur la prairie, s'en est venu le chevalier, tout à ses pensées. C'était lui qui s'était assis dans la charrette. Il embrassait du regard les prés en contrebas. À la fenêtre voisine était venue la jeune fille. Elle y écoutait les propos que lui tenait discrètement, dans un coin, monseigneur Gauvain, depuis un bon moment, j'ignore à quel sujet. Je ne sais pas de quoi ils pouvaient parler. Et tandis qu'ils restaient là, accoudés à la fenêtre, ils aperçurent le long de la rivière, dans la descente de la prairie, une litière qu'on transportait. À l'intérieur se trouvait un chevalier, et, à côté, trois demoiselles poussaient des plaintes désespérées. Derrière la litière, ils voient venir une troupe, avec, en tête, un chevalier de grande taille qui, à sa gauche, conduisait une belle dame. Le chevalier de la fenêtre eut conscience que c'était la reine. Il la suit du regard sans avoir de cesse, tendu à l'extrême, tout à sa joie, le plus longuement qu'il lui fut possible. Et quand il n'arriva plus à la voir, il eut le désir de se laisser tomber, de laisser son corps basculer dans le vide. Il était déjà à moitié dehors, quand monseigneur Gauvain l'aperçut. Il le tire en arrière et lui dit :

« De grâce, monseigneur, retrouvez le calme ! Au nom du ciel, chassez de vos pensées pour toujours l'idée d'une pareille folie ! Vous avez grand tort de haïr votre vie.

– Non, il a raison, fait la demoiselle. Ne sera-t-elle pas connue de partout la nouvelle de sa honte ? Après avoir été dans la charrette, il ne peut que souhaiter d'être mort. Vivant, il aurait moins de valeur que mort. Sa vie est désormais vouée à la honte et au mépris et au malheur ! »

Les chevaliers réclamèrent alors leurs armes, puis

s'armèrent. La demoiselle eut à cette occasion un geste
très courtois, digne et généreux. Car, après s'être bien
gaussée du chevalier et l'avoir raillé[1], elle lui fit don d'un
cheval et d'une lance en signe de paix et d'amour. Les
chevaliers, en gens courtois et bien élevés, ont pris congé
de la demoiselle et ils l'ont saluée, puis ils s'en vont par
là où ils virent aller la troupe. Ils gagnèrent cette fois la
sortie du château sans que personne les interpellât.

Rapidement, ils s'en vont par là où ils avaient vu passer
la reine. Ils n'ont pas rejoint la troupe, car elle avançait à
bride abattue. Au sortir de la prairie, ils entrent dans un
enclos où ils trouvent un chemin empierré. Ils ont poursuivi à travers la forêt jusque vers la première heure du
jour. C'est alors qu'ils ont, à un carrefour, rencontré une
demoiselle. Ils l'ont tous les deux saluée, et chacun la prie
avec instance de leur dire, si elle le sait, où est emmenée
la reine. Elle répond en femme avisée en leur disant :

« Si je jugeais vos promesses suffisantes, je saurais bien
vous mettre sur la voie, dans le bon chemin, et je vous
dirais le nom du pays et du chevalier qui l'emmène, mais
il faudrait se donner bien de la peine, si on voulait entrer
dans ce pays : que de souffrances avant d'y être ! »

Et monseigneur Gauvain de lui dire :

« Mademoiselle, devant Dieu, je vous fais la promesse
solennelle de me mettre, quand il vous plaira, à votre
service de tout mon pouvoir, si seulement vous m'en dites
la vérité. »

Celui qui avait été dans la charrette ne dit pas qu'il s'y
engage de tout son pouvoir, mais il affirme avec la libé-
ralité, la force et l'audace qu'Amour donne en tout point,
qu'il lui promet tout ce qu'elle voudra, sans hésitation et
sans crainte, il s'en remet à sa volonté seule.

« Je vous le dirai donc », fait-elle. La demoiselle leur
raconte alors ceci : « En vérité, messeigneurs, c'est
Méléagant, un chevalier de grande force et de très haute

---

1. *Se gausser* et *railler* signifient tous deux « se moquer » et sont des
synonymes ; les auteurs du Moyen Âge, encore proches de la tradition
orale du conte, ont l'habitude de redoubler l'expression.

taille, le fils du roi de Gorre, qui l'a prise. Il l'a conduite dans le royaume dont ne revient nul étranger, contraint qu'il est de rester au pays en servitude et en exil. »

Et eux, de nouveau, lui demandent :

« Mademoiselle, où est cette terre ? Où pourrons-nous en trouver le chemin ? »

Elle répond :

« Vous allez le savoir, mais vous y trouverez, apprenez-le, nombre d'obstacles et d'inquiétants mauvais pas, car il n'est pas facile d'y entrer sans l'autorisation du roi. Bademagu est le nom du roi. On peut toutefois entrer par deux voies très périlleuses, par deux passages terrifiants. L'un se nomme le Pont dans l'Eau, parce que le pont est sous l'eau, et il y a sous le pont jusqu'au fond autant d'eau qu'il y en a au-dessus, ni moins par ici, ni plus par là : le pont est exactement au milieu et il n'a qu'un pied et demi[1] de large et juste autant d'épaisseur. C'est le genre de régal qu'il vaut mieux refuser ! C'est pourtant le moins périlleux des deux, mais il y a nombre d'aventures, que je passe sous silence, dans l'intervalle. L'autre pont est encore pire, il est bien plus périlleux : jamais personne ne l'a franchi. Il est aussi tranchant qu'une épée, c'est pourquoi tout le monde l'appelle le Pont de l'Épée. Je vous ai dit la vérité, autant que je puis le faire. »

Et eux de lui redemander ensuite :

« Mademoiselle, daignez nous enseigner les deux chemins. »

Et la demoiselle répond :

« Voici le chemin qui mène droit au Pont sous l'Eau et voilà celui qui va droit au Pont de l'Épée. »

C'est alors que le chevalier, celui de la charrette, a dit :

« Monseigneur, je vous donne de bon cœur le choix : de ces deux voies, prenez l'une, et que l'autre me revienne de plein droit. Prenez celle que vous préférez.

— En vérité, fait monseigneur Gauvain, les deux

---

1. Le *pied* est une ancienne unité de longueur qui équivaut à 0,324 m ; 1 pied et demi vaut donc 48 cm environ.

passages sont l'un comme l'autre très périlleux et pénibles. Dans ce choix je peux me tromper. Je ne sais trop où est le bon parti. Mais il serait indigne d'hésiter. Puisque vous m'offrez le choix dans cette alternative, j'opterai pour le Pont sous l'Eau.

— C'est donc à moi qu'il revient d'aller, sans autre débat, au Pont de l'Épée, fait l'autre, et je m'y accorde. »

C'est le moment pour eux trois de se séparer ; ils se sont recommandés l'un l'autre à Dieu du fond du cœur[1]. Comme elle les voit s'en aller, elle leur dit :

« Chacun de vous me doit en retour un don, à ma convenance, à l'heure où je choisirai de le prendre, gardez-vous bien de l'oublier !

— Ce ne sera pas le cas, non vraiment, douce amie », disent tous deux les chevaliers.

Chacun s'en va alors de son côté et celui de la charrette est pris dans ses pensées comme un être sans force ni défense vis-à-vis d'Amour qui le gouverne. Et dans ces pensées il en vient au point où il perd toute notion de lui-même, il ne sait plus s'il est ou s'il n'est pas, il n'a plus souvenir de son nom, il ne sait s'il est armé ou non, il ne sait où il va, il ne sait d'où il vient, toute chose s'est effacée de sa mémoire, hormis une seule, et pour celle-là il a mis toutes les autres en oubli. À celle-là seule il pense si fort qu'il n'entend, ne voit, ni n'écoute rien.

Cependant son cheval l'emporte avec rapidité, sans prendre de détours, par le meilleur et le plus droit des chemins. Il fait tant et si bien que d'aventure il l'a conduit dans une lande. Dans cette lande, il y avait un gué[2] et, de l'autre côté, se tenait armé un chevalier qui montait la garde. Il avait avec lui une demoiselle, venue sur un palefroi. L'heure de none[3] était bien passée déjà, sans que le chevalier se soit lassé de ses pensées ni qu'il les ait

---

1. Formule de congé habituelle, qui ne va pas nécessairement au-delà de la simple politesse. 2. Les *gués* qui permettent de passer les rivières lorsqu'il n'y a pas de pont sont souvent gardés par des chevaliers qui en défendent l'accès et réclament le combat aux chevaliers qui veulent traverser. 3. La journée était divisée d'après le système des heures canoniales, c'est-à-dire des heures des offices religieux. Système des heures

quittées. Le cheval aperçoit la belle eau claire du gué, et
sa soif était grande. Il court vers l'eau dès qu'il la voit,
mais l'homme qui était de l'autre côté s'est écrié :

« Chevalier, je suis le gardien du gué, je vous en fais
défense. »

Le chevalier n'écoute pas, il n'a pas entendu. Ses
pensées y ont fait obstacle. Cependant son cheval s'est
élancé au plus vite, en direction de l'eau. Le gardien du
gué lui crie de l'ôter de là :

« Laisse le gué, tu feras mieux, car ce n'est pas par là
qu'on passe. »

Et il jure, sur son cœur et ses entrailles, qu'il ira l'attaquer s'il y entre. Le chevalier continue de penser, sans
l'entendre, et son cheval, brusquement, quittant la terre
ferme, saute dans l'eau, et commence à boire, avidement.
L'autre dit qu'il va le payer : ni l'écu ni le haubert[1] qu'il
a sur lui ne pourront le protéger. Il lance alors son cheval
au galop, puis le pousse au grand galop et vient le frapper,
au point de l'abattre tout à plat au beau milieu du gué
qu'il lui avait interdit. Dans une même chute ont volé en
l'air la lance et l'écu qu'il portait au cou. Au contact de
l'eau, il sursaute, tout secoué, il se lève d'un bond comme
s'il se réveillait, il entend, il voit, il s'étonne : de qui peut
venir le coup qu'il a reçu ? C'est alors qu'il a vu le chevalier :

« Vassal[2], lui cria-t-il, pourquoi m'avez-vous frappé,
dites-le moi, alors que je ne vous savais pas devant moi et
que je ne vous avais causé aucun tort ?

---

canoniales : vigile : 2 h après minuit ; laudes : à l'aurore ; prime : vers
6 h ; tierce : en milieu de matinée ; sexte : midi ; none : en milieu
d'après-midi ; vêpres : vers 18 h ; complies : à l'heure du coucher.

1. *Écu* : voir note 1, p. 25 ; le *haubert* est une tunique de mailles
d'acier à manches et habituellement à capuchon. Au XIIe siècle, pour
empêcher les rayons du soleil de chauffer trop le haubert, le chevalier
endossait par-dessus une cotte d'armes faite de lin ou de soie. Le capuchon était également doublé de soie. Sous le haubert, le chevalier portait
un *gambison* fait de peau ou d'étoffe épaisse de soie et rembourré de
filasse ou de coton. Le chevalier ne pouvait enfiler seul ou quitter seul
le haubert ; il lui fallait l'aide d'un écuyer. 2. *Vassal* : homme lié personnellement à un seigneur, un suzerain, qui lui concédait la possession

– Si, ma parole ! C'était le cas, fait l'autre. Ne comptais-je donc pour rien à vos yeux, quand je vous défendis le gué par trois fois, en criant encore le plus fort que je pus ? Vous avez bien entendu le défi, fait-il, à deux reprises au moins, si ce n'est trois. Et pourtant vous y êtes entré, contre mon gré. Je vous avais bien dit que je vous attaquerais, sitôt que je vous verrais dans l'eau. »

Le chevalier répond alors :

« Au diable qui jamais vous vit ou qui vous entendit, s'agirait-il même de moi ! Il se peut bien, mais j'étais dans mes pensées, que vous m'ayez interdit le gué. Mal vous en aurait pris, sachez-le, de l'avoir fait, si seulement je pouvais vous tenir d'une main par le frein[1] ! »

L'autre répond :

« Et qu'arriverait-il ? Tu pourras sur-le-champ me tenir par le frein, si tu oses m'y prendre. Je n'estime pas plus qu'une poignée de cendre ta menace ni ton orgueil.

– Je ne cherche pas mieux, lui répond-il. Advienne que pourra, je voudrais déjà te tenir ainsi. »

Le chevalier s'avance alors jusqu'au milieu du gué, et lui le saisit par la rêne, de la main gauche, et par la cuisse, de la main droite, et le secoue et le tire et le serre tellement fort que l'autre gémit, car il a l'impression qu'il lui arrache tout entière la cuisse du corps. Il le supplie de le laisser, en ajoutant :

« Chevalier, si tu veux te battre avec moi d'égal à égal, prends ton écu et ton cheval, ta lance et joute contre moi.

– Je n'en ferai rien, ma parole, répond-il, car je crois que tu t'enfuirais, sitôt que je t'aurais lâché. »

En l'entendant, l'autre en eut grand-honte, il a répliqué :

« Chevalier, monte sur ton cheval sans inquiétude, je te

---

effective d'un fief. Le vassal prêtait un serment de fidélité absolue à son seigneur. C'est la valeur du terme dans la hiérarchie féodale. Toutefois, l'ancien français utilise généralement les termes « seigneur » pour désigner le suzerain et « homme » pour désigner le vassal. Quant à ce mot lui-même, il signifie le plus souvent « chevalier », « combattant », tantôt avec une nuance admirative, tantôt, comme ici, avec une nuance de défi.

1. Voir note 1, p. 24.

donne loyalement ma parole de ne pas fuir ni m'esquiver. Tu m'as humilié, j'en ai du dépit. »

Et lui de répondre une fois encore :

« J'aurai d'abord la garantie de ton serment ! Je veux que tu me fasses le serment de ne pas fuir ni t'esquiver, de ne pas me toucher ni t'approcher de moi avant de me voir en selle. Je suis déjà bien généreux de te laisser, quand je te tiens. »

L'autre en a fait le serment, car il n'en peut mais[1]. Une fois assuré de sa parole, il rattrape son écu et sa lance qui flottaient au long du gué et commençaient à glisser sur l'eau déjà très loin, en aval. Puis il revient prendre son cheval. Quand il l'eut pris et fut en selle, il saisit l'écu par ses courroies et met sa lance en arrêt sur l'arçon[2]. Ils foncent alors l'un sur l'autre de toute la vitesse de leurs chevaux. Celui qui devait défendre le gué est le premier à porter l'attaque, et il le frappe avec une telle violence que sa lance, d'un seul coup, est mise en pièces. Mais le coup qu'il reçoit en retour l'expédie dans le gué, tout à plat, au fond de l'eau qui se referme sur lui ! Son adversaire recule et descend de cheval, car, il pensait bien pouvoir prendre en chasse cent autres pareils et les pousser devant lui. Il sort du fourreau son épée d'acier, et l'autre se lève d'un bond, tire la sienne, toute flamboyante et bonne, et ils viennent l'un contre l'autre au corps à corps. Ils mettent en avant leurs écus, où resplendit l'or, et ils s'en couvrent. Les épées sont à l'ouvrage, sans avoir de repos ni de cesse. Ils n'ont pas peur de se donner des coups terribles.

La bataille en vient au point qu'en est rempli de honte le cœur du chevalier de la charrette. C'est, se dit-il, mal s'acquitter de la dette et ne pas être à la hauteur de la tâche entreprise que de mettre aussi longtemps à conquérir un seul chevalier ! Hier encore, eût-il trouvé dans un vallon cent hommes comme lui, il en est sûr et il

---

1. *Mais* vient du latin *magis*, qui signifie « plus ». *Il n'en peut mais* : il ne peut faire quelque chose de plus, d'autre. **2.** C'est l'attitude même du chevalier se préparant au combat : il tient en main le bouclier qui pendait à son cou ou sur le côté afin de pouvoir se protéger et cale sa lance en appui sur le montant de la selle.

le pense, ils n'auraient pu lui résister. Il est attristé et irrité de se voir rabaissé au point de gaspiller ses coups et perdre sa journée. Se jetant alors sur lui, il se met à le harceler, l'autre finit par lâcher pied et s'enfuit. Bien à contrecœur, il doit lui céder le gué et le passage. Le chevalier cependant le pourchasse, si bien qu'il finit par tomber les mains à terre. L'homme à la charrette lui court dessus et jure ses grands dieux que mal lui en prit de le jeter dans le gué[1] : malheur à lui de l'avoir arraché à ses pensées ! La demoiselle, qui avait amené le chevalier avec elle, a bien entendu les menaces. Très effrayée, elle le supplie de renoncer pour elle à le tuer. Il le tuera sans faute, répond-il, il ne peut, pour elle, faire grâce à qui lui infligea une si grande honte. Il vient sur lui, l'épée à nu, et l'autre, gagné par la peur, lui dit :

« Pour l'amour de Dieu et pour moi, accordez-lui la grâce que moi aussi je vous demande !

— Dieu me pardonne, répond-il, si grave que soit le tort qu'on m'ait pu faire, jamais je n'ai refusé à qui me demandait grâce pour l'amour de Dieu, de la lui accorder pour Dieu, comme il se doit, la première fois. Je te l'accorderai aussi, car je ne dois pas te la refuser puisque tu me l'as demandée. Mais d'abord promets-moi de te rendre, quand je t'en sommerai, prisonnier là où je voudrai. »

L'autre lui en fit serment, mais il lui en coûte. De nouveau la demoiselle dit :

« Chevalier, dans ta générosité, puisque tu lui as accordé la grâce qu'il t'a demandée, si tu as jamais délivré quelqu'un de prison, libère-le aussi pour moi, proclame-le, pour moi, quitte de sa prison, et je m'engage, le moment venu, à t'en rendre, selon mes forces, le don qu'il te plaira. »

Il sut alors qui elle était aux propos qu'elle avait tenus, et le prisonnier lui est rendu, libre. Elle est remplie de honte et de gêne, car elle a l'impression qu'il la reconnaît. Elle aurait voulu qu'il n'en fût rien. Mais le voilà déjà

---

1. Voir note 2, p. 33.

parti. Les deux autres le recommandent à Dieu[1] et demandent à prendre congé.

Il le leur accorde, et il poursuit son chemin jusque bien après l'heure des vêpres[2], lorsqu'il rencontra, venant à lui, une demoiselle gracieuse et belle et très élégante dans sa tenue. La demoiselle le salue en femme honnête et bien apprise, et il répond :

« Que Dieu vous donne santé et joie, mademoiselle ! »

Elle, à son tour :

« Monseigneur, tout près d'ici ma demeure est prête pour vous accueillir, si vous avez décidé d'y venir, mais je vous héberge à la condition que vous vous couchiez avec moi. Je vous en fais ainsi l'offre et le don. »

J'en connais plus d'un qui pour cette offre-là lui auraient mille fois rendu grâces. Mais il s'est rembruni et sa réponse fut tout autre :

« Mademoiselle, pour votre hospitalité je vous remercie, je l'apprécie grandement ; mais, si vous le voulez bien, laissons le coucher : je pourrais bien m'en dispenser.

— Vous n'auriez rien de moi autrement, dit la jeune femme, y perdrais-je les yeux ! »

Et lui, faute de mieux, s'accorde à tout ce qu'elle veut. Mais d'accepter, son cœur se brise. Quand la seule idée suffit à le blesser, que de tristesse en vue à l'heure du coucher ! Que d'orgueil, que de peine y trouvera la demoiselle qui l'emmène ! Mais peut-être l'aime-t-elle tant qu'elle ne voudra pas l'en déclarer quitte.

Après qu'il l'eut assurée de faire son bon plaisir entièrement, elle l'emmène dans un enclos, le plus beau qu'on pût voir jusqu'en Thessalie[3], enserré tout autour par de hauts murs et par une eau profonde. Aucun homme à l'intérieur, sinon celui qu'elle amenait. Elle avait fait pour son séjour bâtir bon nombre de belles chambres, avec une

---

1. Voir note 1, p. 33. **2.** Voir note 3, p. 33. **3.** *Thessalie :* région de Grèce, au sud de l'Olympe, sur la mer Égée. Ce terme géographique est employé dans une comparaison qui sert à amplifier la beauté de l'enclos. Tout ce qui avait trait à l'Orient exerçait une fascination sur les hommes du Moyen Âge.

grande salle très vaste. En longeant une rivière, ils ont chevauché jusqu'à l'habitation. Pour leur livrer passage, on avait abaissé un pont-levis. Franchissant le pont, ils sont entrés, ils ont trouvé grande ouverte la salle que recouvrait un toit de tuiles. Par la porte restée ouverte ils pénètrent à l'intérieur et voient une table recouverte d'une grande et large nappe. Dessus on avait déjà apporté les mets et disposé les chandelles toutes allumées dans leurs chandeliers, et les hanaps[1] en argent doré avec deux pots remplis, l'un de vin de mûre, l'autre d'un capiteux vin blanc. À côté de la table, au bout d'un banc, ils trouvèrent deux bassins remplis d'eau chaude pour se laver les mains, et, à l'autre bout, ils ont trouvé une serviette joliment ouvrée, belle et blanche, pour les essuyer. À l'intérieur, ils n'ont eu l'occasion de voir ni jeunes gens, ni serviteurs, ni écuyers.

Le chevalier ôte son écu[2] de son cou et le suspend à un crochet ; il prend sa lance et la pose en haut d'un support. Il saute aussitôt à bas de son cheval comme la demoiselle, du sien. Le chevalier a apprécié qu'elle n'ait pas voulu attendre qu'il vienne l'aider à descendre. À peine fut-elle descendue, la voici qui, sans plus tarder, court jusqu'à une chambre et lui apporte, pour l'en revêtir, un manteau court de fine écarlate[3]. La salle n'était point sombre : au-dehors pourtant brillaient déjà les étoiles, mais il y avait là tant de chandelles torses et épaisses, qui brûlaient, que la clarté était bien grande. Quand elle eut attaché à son cou le manteau[4], elle lui a dit :

« Mon ami, voici l'eau et la serviette, personne n'est là pour vous la donner, car en ces lieux vous ne voyez que moi. Lavez-vous les mains, puis asseyez-vous sitôt qu'il

---

1. *Hanap :* coupe assez grande qui pouvait éventuellement permettre à plusieurs personnes de boire les unes à la suite des autres sans avoir besoin de la remplir à chaque fois. Les hanaps étaient souvent faits en métal précieux. **2.** Voir note 1, p. 25. **3.** *Écarlate :* étoffe fine de laine ou de soie qui pouvait être rouge, dans ce cas la couleur rouge venait d'un colorant obtenu à partir de la cochenille (insecte). **4.** *Manteau :* ce vêtement, au Moyen Âge, est réservé aux nobles. Il s'attache au moyen d'une agrafe ou d'un passant soit sur l'épaule, soit sur la poitrine.

vous plaira, à votre guise. L'heure est venue et le repas attend, comme vous pouvez le constater. »

Il se lave les mains et va s'asseoir très volontiers, tout à son gré ; elle-même s'asseoit à côté de lui. Ils mangèrent et burent de compagnie, jusqu'au moment de se lever de table. Quand ils eurent quitté la table, la jeune fille dit au chevalier :

« Monseigneur, allez dehors vous distraire, si vous n'y voyez pas d'inconvénient, et vous y resterez seulement, s'il vous plaît, jusqu'au moment où vous penserez que je pourrai m'être couchée. N'en ayez pas de déplaisir, car il sera alors temps de me rejoindre, si vous voulez me tenir vos engagements. »

Et il répond :

« Je vous tiendrai mes engagements et je reviendrai quand je croirai le moment venu. »

Il s'en va dehors et s'attarde un long moment au milieu de la cour, mais, pour finir, il lui faut revenir, car il doit lui tenir sa promesse. Retournant sur ses pas, il entre dans la salle, mais celle qui veut être son amie n'était plus là, il ne la trouve pas. Ne la trouvant pas, ne la voyant pas, il dit :

« Où qu'elle soit, je la chercherai jusqu'à ce que je la tienne ! »

Il se met en quête sans plus tarder, en raison des accords passés. Entré dans une chambre, il entend une jeune femme qui poussait de hauts cris : c'était celle précisément avec qui il devait se coucher. Il aperçoit alors une autre chambre dont la porte est ouverte, il s'avance par là et, droit devant lui, il a le spectacle de la demoiselle renversée par un chevalier qui la tenait en travers du lit, amplement retroussée. Elle qui, dans son esprit, ne doutait pas qu'il viendrait à son secours, criait d'une voix aiguë :

« À l'aide ! À l'aide ! Chevalier, toi qui es mon hôte ! Si tu ne me débarrasses pas de cet homme sur moi, je ne trouverai personne pour le faire, et si tu ne te portes vite à mon secours, il me déshonorera sous tes yeux. C'est bien toi seul qui dois te coucher avec moi, comme tu m'en as donné l'assurance. Celui-ci va-t-il donc faire sa volonté

de moi, sous tes yeux, et me forcer ? Ah ! noble chevalier,
ne faiblis pas, viens au plus vite à mon secours ! »

Il voit de quelle façon ignominieuse l'autre tenait la
demoiselle dénudée jusqu'au nombril ; il est rempli de
honte et mal à l'aise de les voir nus l'un contre l'autre. Il
ne ressentait nulle jalousie, mais il y aurait de l'honneur à
la secourir, car l'entrée était gardée par deux chevaliers
tout en armes, l'épée nue à la main. Quatre serviteurs se
tenaient derrière, munis chacun d'une hache[1] capable de
trancher en deux une vache à travers l'échine aussi aisément qu'une racine de genévrier ou de genêt. Le chevalier
s'arrête sur le seuil en se disant :

« Que faire, mon Dieu ? Je suis parti pour une très
noble cause, celle qui touche à la reine Guenièvre. Je ne
dois pas avoir un cœur de lièvre quand je suis, pour elle,
en cette quête ! Si Lâcheté me prête son cœur et que je
sois à son commandement, je n'atteindrai jamais mon but.
Honte à moi, si je renonce ici ! Mais je n'ai que mépris
pour moi d'avoir parlé de renoncer. J'en ai au cœur la
plus noire tristesse ; oui, j'en ressens honte et chagrin, au
point de mourir, si je m'écoutais, pour avoir ici tant tardé.
Puisse Dieu n'avoir jamais pitié de moi, si je le dis par
orgueil et si je n'aime pas mieux mourir dans l'honneur
que vivre dans la honte ! Si j'avais la voie toute libre, où
serait donc mon mérite, quand je devrais à ces gens la
permission d'aller de l'avant sans qu'on s'y oppose ?
Alors, en vérité, le pire des hommes y passerait aussi
bien ! Et j'entends cette malheureuse qui ne cesse de
m'implorer, qui me somme de tenir ma promesse, en me
faisant les plus honteux reproches. »

Il s'approche aussitôt de la porte, risque à l'intérieur la
tête et le cou, en levant les yeux vers le faîte, et voit
s'abattre les deux épées. Il se dérobe en arrière, sans qu'il
soit possible aux chevaliers de retenir leurs coups, qu'ils

---

1. Jusqu'à la fin du xiie siècle, la hache était considérée comme une
arme non noble, les chevaliers ne l'utilisaient pas. Lancelot s'en servira
cependant (voir quelques lignes plus loin), parce qu'il n'a pas d'autre
arme sous la main.

ont si violemment portés qu'en heurtant le sol des épées ils les ont toutes deux mises en pièces. Lui, les voyant ainsi brisées, a moins de respect pour les haches, et n'a plus la même crainte des autres : il se jette au milieu, frappant du coude un serviteur, ensuite un autre. Les deux qu'il a trouvés le plus près, jouant des coudes et des bras, il les jette au sol tout à plat, le troisième l'a raté, mais le quatrième attaquant lui assène un coup qui lui fend le manteau et la chemise et, au plus près de l'épaule, glisse au ras de la peau toute blanche, faisant goutte à goutte couler le sang. Mais sans le moindre temps d'arrêt, sans se plaindre de sa blessure, il poursuit à plus grandes enjambées, pour agripper enfin, par les tempes, celui qui cherchait à forcer son hôtesse. Il a bien l'intention, avant de s'en aller, de s'acquitter de sa promesse. Bon gré, mal gré, il le remet debout. Mais celui qui l'avait raté est vite venu à ses trousses et se prépare à donner un nouveau coup, bien certain de lui fendre en deux le crâne jusqu'aux dents. Mais, habile à bien se défendre, il lui tend au-devant le chevalier, que l'autre atteint de sa hache à la jointure de l'épaule et du cou, qu'il a séparés l'un de l'autre. Puis il se saisit de la hache qu'il lui arrache vivement des mains, en lâchant l'homme qu'il tenait, car il lui fallait se défendre : les chevaliers et les trois porteurs de haches accourent en effet vers lui, en lui livrant un assaut féroce. Mais avec souplesse, d'un bond, il se place entre le lit et la paroi, en s'écriant :

« Allez-y, tous sur moi ! Seriez-vous trente-six, quand je suis ainsi retranché, vous aurez avec qui vous battre, vous n'entamerez pas ma résistance ! »

La jeune femme, qui le regarde faire, dit alors :

« Sur mes yeux, vous n'avez rien à craindre désormais, là où je serai ! »

Sur-le-champ elle a renvoyé les chevaliers et les serviteurs, et tous quittent alors les lieux sans attendre ni discuter. La demoiselle a ajouté :

« Monseigneur, vous avez bien assuré ma défense face à tous ceux de ma maison. Venez maintenant, je vous emmène. »

Ils s'en vont dans la salle, se tenant par la main, mais il le faisait sans plaisir, car il se serait fort bien passé d'elle. Un lit était préparé au milieu de la salle : rien n'en avait sali les draps, ils étaient blancs, amples et fins ; la couche n'était pas garnie de menue paille, les couvertures n'en étaient pas rugueuses. On avait étendu sur la couche un couvre-lit composé de deux brocarts[1]. La demoiselle vient s'y coucher, mais sans ôter sa chemise.

Il a, quant à lui, entrepris non sans peine de retirer ses chausses[2] et de se mettre nu. Il ne pouvait éviter une sueur d'angoisse, mais cependant, dans son angoisse même, la parole donnée brise sa résistance. Mais le force-t-on à le faire ? C'est tout comme ! Force lui est en effet d'aller se coucher avec la demoiselle : la parole donnée l'en met en demeure.

Sans la moindre hâte, il se couche, mais il ne retire pas plus sa chemise qu'elle n'avait retiré la sienne. Il se garde avec soin de toucher à elle, il préfère s'écarter d'elle, couché sur le dos, sans dire un mot, tel un frère convers[3] à qui la règle interdit la parole, quand il est allongé dans son lit. Il a le regard fixe, sans tourner les yeux vers elle ni ailleurs. Il est incapable de lui faire bon visage. Pourquoi donc ? Le cœur n'y est pas ! Elle était belle pourtant, et pleine de charme, mais ce qui est si charmant pour tout un chacun est sans attrait ni plaisir pour lui, car le chevalier n'a qu'un cœur, et encore n'est-il pas à lui, il l'a déjà confié à autrui ; il ne peut donc le prêter ailleurs. Le sien s'est tout entier fixé en un seul lieu, comme le veut Amour qui gouverne tous les cœurs. Tous ? Non, mais ceux qui ont son estime. Il doit en être d'autant plus fier, celui dont Amour daigne être le maître ! Amour avait en telle estime le cœur de celui-ci qu'il régnait sur lui mieux que sur tout autre, et il le rendait si fier que je ne veux en

---

1. *Brocart* : riche tissu de soie comportant des dessins brochés avec des fils d'or ou d'argent. **2.** *Chausses* : habillement de mailles pour les jambes qui passent sous la plante des pieds ; en raison de leur rigidité, elles sont difficiles à ôter. **3.** *Frère convers* : religieux qui, dans un monastère ou un couvent, se consacre aux travaux manuels.

rien le blâmer s'il renonce à ce qu'Amour lui défend, pour ne tendre que là où Amour veut.

La jeune femme comprend et voit qu'il hait sa compagnie, qu'il s'en passerait volontiers et ne souhaite lui demander aucune faveur, car il ne cherche pas à la toucher. Elle lui dit :

« Ne vous fâchez pas, monseigneur, si je m'en vais d'ici. J'irai me coucher dans ma chambre et vous vous en sentirez mieux. Vous ne prenez pas, je crois, grand plaisir à vous distraire en ma compagnie. Ne trouvez pas discourtois que je vous dise ma pensée. Passez maintenant la nuit à vous reposer, car vous m'avez si bien tenu l'engagement que vous avez pris que je n'ai pas le droit de vous demander plus. Laissez-moi vous recommander à Dieu : je m'en vais. »

Elle se lève alors, sans que le chevalier s'en afflige ! C'est bien volontiers qu'il la laisse aller, comme quelqu'un qui est tout entier l'ami d'autrui. La demoiselle s'en aperçoit bien, et le constate. Arrivée dans sa chambre, elle se couche, toute nue, en se disant à elle-même : « Depuis que, pour la première fois, j'ai connu un chevalier, je n'en ai pas vu un seul qui pût valoir à mes yeux le tiers d'un denier angevin, par comparaison avec celui-ci. Car je crois pouvoir deviner qu'il entend viser à si grande chose que jamais chevalier n'osa en entreprendre de plus périlleuse ou de plus pénible. Que Dieu lui accorde d'en venir à bout ! » Alors elle ferma les yeux et dormit jusqu'aux premières lueurs du jour.

Sitôt que pointe l'aube, elle s'éveille et se lève. Le chevalier s'éveille lui aussi, puis il s'habille, se prépare et s'arme, sans attendre d'aide. La demoiselle arrive alors et le voit déjà équipé :

« Je vous souhaite le bonjour ! » fait-elle, en le voyant.

« À vous aussi, mademoiselle ! » dit à son tour le chevalier. Il ajoute qu'il lui tarde qu'on lui ait sorti son cheval. La jeune femme le lui fait amener, en disant :

« Monseigneur, je m'en irais avec vous un bon bout de chemin, si vous étiez assez hardi pour m'emmener et que

vous m'escortiez selon les us et coutumes qui furent bien
avant nous établis au royaume de Logres. »

Les coutumes et les droits voulaient en ce temps-là que
tout chevalier venant à rencontrer seule une demoiselle ou
une jeune fille ne lui aurait pas plus manqué d'égards
qu'il ne se fût tranché la gorge, s'il tenait à garder son
renom : s'il lui faisait violence, il aurait à jamais été
couvert d'opprobre dans toutes les cours. Mais si elle était
sous escorte, quiconque aurait eu envie de se battre avec
son compagnon et de la conquérir aux armes, pouvait
faire d'elle sa volonté, sans encourir honte ni blâme.
Voilà pourquoi la jeune femme lui a dit que s'il était assez
hardi ou décidé pour lui faire escorte selon la coutume et
empêcher tout autre de lui nuire, elle irait de compagnie
avec lui.

Il lui répond :

« Jamais personne ne vous fera de mal, je vous le
garantis, s'il ne s'en prend d'abord à moi !

– J'accepte donc, fait-elle, d'y aller. »

Elle fait seller son palefroi ; son ordre fut aussitôt exé-
cuté ; on lui a sorti le palefroi[1], ainsi que le cheval du
chevalier. Ils montent tous deux, sans l'aide d'un écuyer,
et s'en vont à très vive allure. Elle lui adresse la parole,
mais il n'a cure de quoi que ce soit qu'elle lui dise, il a en
horreur ses paroles et son discours : penser lui plaît, parler
lui pèse. Bien souvent Amour lui rouvre la plaie qu'il lui
a faite. Jamais il n'y a mis d'emplâtre[2] pour la soigner ou
la guérir, car il n'a ni l'envie ni la volonté de chercher
remède ni médecin, à moins que sa plaie ne s'aggrave.
Que dis-je ? C'est elle qu'il irait plutôt chercher !

En suivant routes et sentiers, sans dévier de leur droit
chemin, ils finissent par approcher d'une fontaine, qui
jaillissait au milieu d'une prairie. Il y avait un perron à
côté. Sur la pierre qui se trouvait là, je ne sais qui avait
oublié un peigne en ivoire incrusté d'or. Jamais depuis le

---

1. *Palefroi* : voir note 1, p. 23. 2. *Emplâtre* : médicament externe
qui se ramollit légèrement à la chaleur et qui devient alors adhérent.

temps du géant Isoré[1] nul, sage ni fou, n'en vit d'aussi beau. Aux dents du peigne, des cheveux de celle qui s'en était peignée étaient restés, une bonne demi-poignée.

Quand la demoiselle aperçoit la fontaine et voit le perron[2], elle ne veut pas qu'il les voie : elle préfère changer de route. Comme il se repaît avec délice des pensées qui le ravissent, il ne s'aperçoit pas tout de suite qu'elle l'écarte de son chemin. Mais dès qu'il s'en est rendu compte, il craint d'être abusé, persuadé qu'elle fait un détour et qu'elle sort de son chemin pour éviter quelque péril.

« Arrêtez, mademoiselle ! dit-il, vous n'allez pas du bon côté. Venez par ici ! Jamais personne, je crois, n'a pris le bon chemin en quittant celui-ci.

– Monseigneur, par ici la route sera meilleure, fait la jeune femme, je le sais bien. »

Il lui répond :

« Je ne sais pas, mademoiselle, ce que vous avez en tête, mais vous pouvez constater que nous suivons bien le sentier battu. Puisque je m'y suis engagé, je ne prendrai pas d'autre direction, mais, s'il vous plaît, revenez, car je continuerai sur cette route. »

Ils finissent ainsi par arriver près du perron et ils voient le peigne.

« Jamais en vérité, dans mon souvenir, dit le chevalier, je n'ai vu un aussi beau peigne que celui que voici.

– Faites-m'en cadeau, dit la jeune femme.

– Volontiers, dit-il, mademoiselle. »

Se baissant alors, il le prend. Une fois dans sa main, il le regarde un long moment et examine les cheveux. Et la demoiselle de rire. Ce que voyant, il la prie de lui dire pourquoi elle a ri.

---

1. *Isoré* : Géant païen. Dans la chanson de geste du *Moniage Guillaume*, on voit le héros Guillaume d'Orange affronter en combat singulier le géant Isoré qui menace Paris et le tuer à l'emplacement où se trouve aujourd'hui la rue de la Tombe-Issoire (Tombe d'Isoré). Dans le texte original de Chrétien de Troyes le nom propre Isoré a également une fonction au regard de la versification, puisqu'il rime avec l'adjectif *doré*, qui se trouve au vers précédent. **2.** *Perron* : bloc de pierre.

« N'insistez pas ! répond-elle. Pour l'instant je ne vous en dirai rien.

– Pourquoi ? fait-il.

– Parce que je n'y tiens pas. »

À ces mots, il la conjure, en homme certain qu'entre un ami véritable et une véritable amie on ne doit à aucun prix manquer à la foi jurée :

« S'il existe un être aimé de votre cœur, mademoiselle, en son nom je vous conjure et vous prie instamment de ne pas me garder plus longtemps le secret.

– Ah ! que de force a votre appel ! fait-elle, je vous dirai tout, sans vous mentir d'un mot. Ce peigne, si j'ai jamais été bien renseignée, était à la reine, je le sais. Et soyez certain d'une chose : ces cheveux qui, sous vos yeux, ont tant de beauté, de clarté, de lumière, et qui sont restés entre les dents, c'étaient des cheveux de sa tête : aucune autre prairie ne les vit croître. »

Et le chevalier dit :

« Ma foi, il y a bien des reines et des rois ! De laquelle voulez-vous donc parler ?

– Sur ma parole, monseigneur, répond-elle, de la femme du roi Arthur. »

Quand il l'entendit, son corps se courba, pris d'une soudaine faiblesse. Il fut bien forcé de prendre appui sur le pommeau de la selle. La demoiselle, à ce spectacle, stupéfaite, n'en croit pas ses yeux. Elle crut qu'il allait tomber. Si elle eut peur, ne l'en blâmez pas, elle croyait qu'il s'était évanoui. C'était le cas, ou tout comme, il s'en fallait de si peu ! Il éprouvait une telle douleur dans son cœur qu'il en perdit un long moment la parole et toute couleur. La jeune femme a mis pied à terre, elle accourt au plus vite pour le soutenir et l'aider, car elle ne voulait pour rien au monde le voir tomber de cheval. Quand il la vit venir, il eut honte et il lui a dit :

« Qu'avez-vous à faire, pour venir ici devant moi ? »

N'allez pas croire que la demoiselle lui en avoue la raison : il aurait été honteux, angoissé, le cœur bien lourd et mal à l'aise, si elle lui avait avoué la vérité. Elle s'est donc gardée de la lui dire, pour répondre avec courtoisie :

« Monseigneur, je suis venue chercher ce peigne, c'est pourquoi j'ai mis pied à terre, il m'a fait tellement envie que j'ai cru ne jamais le tenir assez tôt. »

Comme il s'accorde à ce qu'elle ait le peigne, il le lui donne, mais il en retire les cheveux délicatement, sans qu'un seul casse. Jamais personne ne verra de ses yeux accorder tant d'honneur à une chose, car il leur voue une adoration. Il les porte bien cent mille fois et à ses yeux et à sa bouche et à son front et à son visage ! Il en tire toutes les joies : en eux son bonheur, en eux sa richesse ! Il les serre sur sa poitrine, près du cœur, entre sa chemise et sa peau. Il ne voudrait pas avoir à la place un char entier d'émeraudes ou d'escarboucles[1]. Il se jugeait désormais à l'abri de toute infection ou de tout autre mal. Le voici qui méprise la poudre de perles, l'archontique, la thériaque[2] et tout autant saint Martin et saint Jacques ! Il n'a plus besoin de leur aide, tant il a foi en ces cheveux. Avaient-ils donc, ces cheveux, une qualité spéciale ? Si j'en dis la vérité, on me tiendra pour un menteur et pour un fou. Imaginez la foire du Lendit[3], quand elle bat son plein à l'heure où il y a le plus de richesses ; lui donne-rait-on le tout, le chevalier n'en voudrait pas, rien n'est plus certain, s'il fallait pour cela qu'il n'eût pas trouvé ces cheveux ! Vous exigez de moi la vérité ? Eh bien, l'or qu'on aurait cent mille fois affiné et après chaque passe autant de fois recuit serait plus obscur que n'est la nuit auprès du plus beau jour d'été que nous ayons eu de toute cette année, si on mettait côte à côte, sous nos yeux, l'or et les cheveux. Mais à quoi bon allonger mon récit ?

La jeune femme est prompte à se remettre en selle, en emportant avec elle le peigne. Et lui, il trouve son bon-heur et sa joie dans les cheveux qu'il serre sur son cœur.

---

1. *Escarboucle* : nom donné à une variété de pierres précieuses très dures, généralement d'un rouge foncé éclatant. 2. La *poudre de perles*, l'*archontique* et la *thériaque* sont des préparations pharmaceutiques à base de sirops et de poudres destinées à guérir ou à fortifier le corps humain. La thériaque était employée, par exemple, contre les morsures de serpents. 3. La *foire du Lendit* était une grande foire, qui se tenait tout près de Paris, entre Saint-Denis et la Chapelle, à la mi-juin.

Une forêt succède aux champs, devant eux. Ils suivent une allée, mais la voie finit par se rétrécir. Il leur faut avancer l'un derrière l'autre, car il serait absolument impossible d'y conduire deux chevaux de front. La jeune femme, devant son hôte, chemine tout droit très rapidement. Et comme la voie se resserrait encore, ils voient venir un chevalier. Aussitôt la demoiselle, d'aussi loin qu'elle l'a vu, l'a reconnu, et elle a dit :

« Monseigneur le chevalier, voyez-vous cet homme qui vient à notre rencontre tout en armes et prêt à la bataille ? Il croit pouvoir sans faute m'emmener sur l'heure avec lui, sans résistance aucune. Je sais bien qu'il a cette pensée, car il m'aime, et c'est folie de sa part. En personne ou par des messagers, voilà très longtemps qu'il me prie, mais mon amour lui est refusé : pour rien au monde je ne pourrais l'aimer. Dieu m'est témoin, je préférerais mourir plutôt que de l'aimer en aucune façon ! Je sais bien qu'il est en ce moment au plus fort du bonheur et de la joie, comme s'il m'avait déjà tout entière à lui, mais il est temps que je voie ce que vous allez faire, il est temps qu'on puisse juger de votre vaillance, il est temps de prouver devant moi que vous saurez me protéger ! Soyez capable de me défendre, et je dirai sans avoir à mentir que vous êtes un brave et que grande est votre valeur.

– Allez toujours ! » lui répond-il, et ces mots ont le même sens que s'il avait dit : « Peu m'importe tout ce que vous m'avez dit, car toutes vos craintes sont vaines. »

Tandis qu'ils parlent ainsi, vers eux se dirige sans lenteur le chevalier qui venait seul. Il se portait au grand galop à leur rencontre. S'il trouve bon de se hâter, c'est qu'il ne pense pas le faire en vain. Quelle chance est la sienne, se dit-il, de voir celle qu'il aime le plus au monde ! Aussitôt qu'il s'approche d'elle, il la salue avec les mots du cœur, en disant :

« Que la personne la plus désirée, à qui je dois si peu de joie et tant de douleur, soit la bienvenue, d'où qu'elle vienne ! »

Ce serait une faute si elle se montrait envers lui avare de paroles au point de ne pas lui rendre au moins des lèvres son salut. Mais le chevalier attache une valeur extrême à ce salut de la jeune femme, qui n'en a pas pour autant la bouche salie et à qui il n'en a rien coûté ! Et s'il avait à cette heure remporté les honneurs de la joute à un tournoi, il n'en aurait pas eu plus de fierté, il n'en aurait pas conquis, à ses yeux, autant d'honneur, autant de gloire. Il s'en estime d'autant plus ! Aussi l'attrape-t-il par la rêne du frein :

« C'est à moi de vous emmener, dit-il ! J'ai fait une belle traversée, en droite ligne, je suis aujourd'hui arrivé à bon port. Voici le terme de mes infortunes ! Échappé au péril, j'aborde au rivage, quittant le malheur pour la joie, la souffrance pour la santé. Me voici exaucé dans tous mes vœux, quand je trouve une si belle occasion de vous emmener avec moi, sur-le-champ, sans encourir de honte !

– C'est beaucoup de bruit pour rien, répond-elle, car je suis sous la protection de ce chevalier.

– Il vous protège mal, en vérité, je vous emmène, séance tenante. Il aurait avalé un muid[1] de sel, je le crois, ce chevalier, avant d'oser vous disputer à moi. Je ne pense pas connaître d'homme sur qui je ne puisse vous conquérir. Et puisque je vous trouve ici sans autre contrainte, même s'il lui en coûte et qu'il lui déplaise, je vous emmènerai sous ses propres yeux. À lui de faire de son mieux ! »

Mais le chevalier garde tout son calme, en entendant ces paroles d'orgueil. Sans se moquer, sans se vanter, il se met à relever le défi :

« Un peu de patience, monseigneur ! dit-il. Évitez de parler en l'air et gardez plus de retenue dans vos propos. Vous ne rentrerez dans vos droits, que dès lors que vous en aurez sur elle. C'est sous ma protection, vous l'apprendrez, que cette jeune femme est venue ici. Lâchez-la, vous

---

1. *Muid* : mesure de capacité employée pour les liquides, les graisses, le sel. Correspond à 1872 litres pour le sel, matière sèche, ce qui représente une quantité énorme. C'est ici une façon figurée pour dire que le chevalier n'osera pas s'opposer au rapt de la jeune fille.

l'avez trop retenue, elle n'a pour l'instant rien à craindre de vous. »

L'autre dit consentir à être brûlé vif plutôt que de renoncer à l'emmener ! Et lui de répondre :

« Ce serait une lâcheté si je vous laissais l'emmener. Je préférerais me battre, sachez-le. Mais si nous voulions combattre comme il faut, nous ne le pourrions dans ce chemin, même avec de la peine ! Gagnons plutôt une large voie, une prairie ou bien une lande. »

L'autre répond qu'il ne demande pas mieux, ajoutant :

« Oui, je suis du même avis ; sur ce point vous avez raison, le chemin est par trop étroit. Mon cheval y est déjà si serré qu'avant qu'il puisse faire demi-tour, je crains de lui briser la cuisse. »

C'est alors à grand-peine qu'il parvient à se retourner, mais il le fait sans blesser son cheval et lui-même n'a aucun mal à déplorer.

« Je suis vraiment très contrarié, dit-il, à l'idée que notre rencontre n'ait pas eu lieu sur une large place et devant des gens, car j'aurais aimé qu'on pût voir qui de nous deux serait le meilleur. Mais venez donc, allons chercher l'endroit. Non loin d'ici nous trouverons un coin bien dégagé et de vaste étendue. »

Ils s'en vont jusqu'à une prairie où l'on voyait des jeunes filles, des chevaliers et des demoiselles en train de jouer à plusieurs sortes de jeux, car la beauté du lieu les y invitait. Ils ne jouaient pas tous à des jeux folâtres, mais aux échecs et au trictrac, certains aux dés, d'autres au double-six. On jouait encore à la mine[1]. C'est à ces jeux qu'ils se livraient, pour la plupart. Quant aux autres qui étaient là, ils s'ébattaient dans l'insouciance, avec leurs bals, leurs rondes et leurs danses. Et de chanter, de culbuter, de gambader, ou encore de s'affairer à la lutte ! Un chevalier déjà touché par l'âge se tenait à l'autre bout du pré sur un alezan doré d'Espagne, dont le frein et la selle étaient garnis d'or. Ses cheveux étaient grisonnants.

---

1. La *mine* tout comme le *double-six* sont des jeux de dés pratiqués au Moyen Âge.

Une main posée sur le côté, il avait un beau maintien. À cause de la belle saison, il était en chemise. Il suivait du regard les jeux et les danses. Le manteau jeté sur ses épaules était d'écarlate fourrée de vair et de gris[1]. De l'autre côté, près d'un sentier, on comptait jusqu'à vingt-trois hommes en armes, montés sur de bons chevaux irlandais.

À l'instant où les trois font irruption, la joyeuse fête s'interrompt partout, et tous s'écrient à travers champs :

« Regardez, regardez le chevalier qui fut mené dans la charrette ! Que personne désormais ne s'occupe à des jeux, tant qu'il sera là ! Maudit soit celui qui voudrait jouer, maudit soit-il, s'il consent à jouer, tant qu'il sera là ! »

Cependant, voici qu'est venu devant le chevalier aux cheveux blancs celui qui aimait la jeune femme et la revendiquait déjà comme sienne. Il lui a dit :

« Monseigneur, je suis rempli de joie, et si l'on veut savoir pourquoi, qu'on écoute ! Dieu m'a donné la personne que j'ai, de tout temps, le plus désirée, et Il ne m'aurait pas donné autant s'Il avait fait de moi un roi portant couronne : je n'aurais pas eu pour Lui autant de gratitude et mon gain n'aurait pas été plus grand, car cette prise est belle et bonne.

— Je ne sais pas encore si elle est tienne », dit le chevalier à son fils.

L'autre lui réplique aussitôt :

« Vous ne le savez pas ? Ne le voyez-vous donc ? Au nom du ciel, monseigneur, n'en doutez point, vous voyez bien que je la tiens. Dans cette forêt d'où je viens, je l'ai rencontrée qui cheminait. Je crois que Dieu me l'avait amenée : je l'ai prise comme mon bien.

— Je ne sais pas vraiment s'il y consent, celui qui arrive derrière toi. Il vient, je crois, pour te la réclamer. »

Tandis qu'ils échangeaient ces mots, les rondes

---

1. *Écarlate* : voir note 3, p. 39 ; *de vair et de gris* désigne la fourrure de petit-gris façonnée en alternant les ventres, blancs à lisière grise, et les dos gris des écureuils, voir note 1, p. 28.

s'étaient arrêtées à la vue du chevalier, les jeux et la joie avaient cessé en signe de mépris et d'hostilité. Le chevalier sans perdre de temps suivait de près la jeune femme :

« Laissez la demoiselle ! dit-il. Chevalier, vous n'avez aucun droit sur elle. Si vous êtes hardi, sur-le-champ je soutiendrai contre vous sa défense. »

Le vieux chevalier dit alors :

« N'avais-je donc pas vu juste ? Ah ! mon fils, ne la retiens pas davantage, cette jeune femme, laisse-la-lui ! »

Celui-ci ne goûta guère ces paroles. Il jure qu'il ne la rendra nullement :

« Que plus jamais Dieu ne me donne de joie, si je la lui rends ! Elle est et restera liée à moi par acte d'allégeance[1]. Il faudra que soient rompues d'abord la guiche et les poignées de mon écu[2], et qu'en moi-même ou en mes armes, en mon épée ou en ma lance j'aie, moi, perdu toute confiance avant que je ne lui laisse mon amie ! »

Et son père de lui objecter :

« Dis ce que tu veux, je ne permettrai pas que tu combattes. Tu as trop confiance en ta prouesse. Allons, obéis à mon ordre ! »

L'autre répond avec orgueil :

« Comment ? Suis-je un enfant à qui on fait peur ? Je ne crains pas de m'en vanter, il n'est, de par le monde qu'embrasse la mer, pas un seul chevalier, parmi tous ceux qui y vivent, qui soit assez vaillant pour que je la lui laisse et que je ne sois persuadé de réduire à merci en un rien de temps ! »

Son père lui dit :

« J'en conviens, mon cher fils, voilà ce que tu crois, tellement tu te fies en ta force ! Mais aujourd'hui je ne veux ni ne voudrai que tu te mesures avec celui-ci. »

L'autre lui répond :

« Quelle honte pour moi si j'écoutais votre conseil ! Au diable qui vous en croira, au point de renoncer lâchement à cause de vous, sans livrer un combat acharné ! Mais on

---

1. *Acte d'allégeance* : serment de fidélité et d'obéissance prêté par un vassal à son seigneur (voir note 2, p. 34). **2.** Voir note 1, p. 25.

est sûr, avec ses proches, d'acheter au prix fort : ailleurs,
j'obtiendrais tout meilleur marché, car vous cherchez à
me tromper. À l'étranger, j'en suis certain, je trouverais
mieux mon compte. Quelqu'un qui ne me connaîtrait pas
ne ferait obstacle à ma volonté, tandis que vous me faites
du tort et du mal. Mais j'en suis d'autant plus tenaillé que
vous m'en avez blâmé : vous le savez bien, qui blâme de
son désir un homme ou une femme, l'attise et l'enflamme
plus encore. Mais si vous me faites en rien céder, que
Dieu me prive à jamais de toute joie ! Non, je me battrai
plutôt, malgré vous.

– Par saint Pierre l'apôtre, en qui je crois, fait le père,
je vois bien maintenant que toute prière serait vaine. Je
perds mon temps à te reprendre. Mais je vais sans tarder
trouver un bon moyen de te contraindre à m'obéir, malgré
toi, car tu n'auras pas le dessus. »

Il fait aussitôt venir à lui tous les chevaliers et leur
enjoint de se saisir de son fils qu'il ne peut corriger, en
disant :

« Je le ferai attacher plutôt que de le laisser combattre.
Vous êtes mes hommes, tous, tant que vous êtes ; vous me
devez amour et fidélité. Au nom de tout ce que vous tenez
de moi, je vous en donne l'ordre et je vous le demande. Il
perd la raison, me semble-t-il, et se laisse emporter par
l'orgueil, quand il contredit ma volonté. »

Ils se disent prêts à le saisir : une fois qu'ils le tiendront
bien, il aura perdu l'envie de se battre et il lui faudra,
malgré lui, rendre la jeune femme. Alors, tous ensemble
ils s'emparent de lui en le prenant aux bras et au cou.

« Eh bien ! Ne vois-tu pas maintenant ta folie ? dit le
père. Reconnais la vérité : tu n'as plus les moyens ni la
force d'engager le combat ni la joute, même s'il doit t'en
coûter, même si cela t'irrite et te pèse. Accepte donc, tu
feras bien, ce que je veux, comme je l'entends. Et sais-tu
quelle est mon intention ? Afin d'adoucir ton chagrin,
nous suivrons, si tu veux, toi et moi, le chevalier,
aujourd'hui et demain, à travers les bois et les champs, en

allant chacun l'amble à cheval[1]. Nous pourrions bien, sous peu, le trouver tel, dans son caractère et son attitude, que je te laisserais te mesurer à lui et le combattre à ton gré. »

L'autre alors a accepté, mais à contrecœur, contraint et forcé. Ainsi, faute d'obtenir mieux, il lui a dit que, pour lui, il accepterait de prendre patience, pourvu qu'ils se mettent tous deux à le suivre. Quand ils virent cette aventure, un peu partout dans la prairie, les gens se sont tous mis à dire :

« Vous avez vu ? Celui qui était dans la charrette a gagné aujourd'hui l'honneur d'emmener avec lui, sans que notre maître s'y oppose, l'amie du fils de notre seigneur. Il faut bien, en vérité, disons-le, qu'il pense qu'il y a du bon en lui, puisqu'il la lui laisse emmener. Mille fois au diable qui, pour le reste du jour, laissera le jeu à cause de lui ! Retournons à nos jeux ! »

Ils reprennent alors leurs jeux, leurs rondes et leurs danses.

Le chevalier part aussitôt, sans demeurer dans la prairie, mais la jeune femme ne reste pas derrière lui, sans qu'il l'emmène. Tous deux s'en vont, en gens pressés. Le fils et son père les suivent de loin à travers le pré qu'on avait fauché. Ils ont chevauché jusqu'à l'heure de none[2] et découvrent dans un lieu vraiment très beau une église avec, à côté du chœur, un cimetière enclos de murs. Ce n'était pas agir en ignorant ou en insensé que d'entrer dans l'église, comme le fit le chevalier, à pied, afin de prier Dieu. La demoiselle eut soin de bien tenir son cheval, en attendant son retour. Comme il avait fini sa prière et qu'il revenait sur ses pas, survient à sa rencontre, juste en face de lui, un très vieux moine. En l'abordant, il lui demande avec humilité de lui dire ce qu'il y avait là,

---

1. L'*amble* est une des allures qu'adopte le cheval en se déplaçant : il lève en même temps les deux pattes du même côté. Lorsque le cheval va l'amble, il ne secoue pas trop son cavalier. On dressait spécialement des chevaux pour l'amble et on les réservait d'ordinaire aux prélats et aux dames. **2.** *Heure de none* : voir note 3, p. 33.

derrière les murs, car il ne le savait. L'autre répond qu'il y avait un cimetière. Il lui a dit :

« Menez-moi jusque-là, et que Dieu vous protège !

– Volontiers, monseigneur. »

Et il l'emmène. Le chevalier entre dans le cimetière derrière le moine et y voit les plus belles tombes qu'on pourrait trouver d'ici jusqu'à la Dombes et de là jusqu'à Pampelune[1], et sur chacune étaient gravées des lettres qui disaient les noms de ceux qui reposeraient dans ces tombes. Lui-même se mit alors à lire d'affilée ces noms, et il trouva : « Ici reposera Gauvain, ici Louis et ici Yvain[2]. » Après ces trois noms, il en a lu bien d'autres, qui étaient tous ceux de chevaliers d'élite, parmi les meilleurs et les plus glorieux, et de ce pays et d'ailleurs. Entre les autres tombes, il en trouve une, en marbre, qui semble récente, les surpassant toutes en richesse et en beauté. Le chevalier appelle le moine :

« Les tombes que voici, demande-t-il, à quoi servent-elles ? »

L'autre lui répond :

« Vous avez vu les inscriptions. Si vous les avez comprises, vous savez bien ce qu'elles disent et ce que les tombes signifient.

– Et la plus grande qui est là, dites-moi à quoi elle sert. »

Et l'ermite lui répond :

« Je vais bien vous le dire. C'est un sépulcre qui a surpassé tous ceux qui furent jamais faits. D'une telle richesse, ni d'une œuvre aussi parfaite, jamais il ne fut donné d'en voir ni à moi ni à personne. Il est beau au-

---

1. *Pampelune*, province de Navarre, et la *Dombes*, principauté indépendante au Moyen Âge, ont été choisies pour leur éloignement géographique : cela renforce la comparaison. De plus ces deux noms de lieu figurent à la rime dans le texte de Chrétien. **2.** *Gauvain*, *Yvain* et *Louis* sont des chevaliers de la Table Ronde du roi Arthur ; les deux premiers jouent un rôle important dans les romans de Chrétien de Troyes. Yvain est le héros du *Chevalier au Lion*, dont Chrétien semble avoir entrepris la rédaction avant de composer le *Chevalier de la Charrette* et qu'il a terminé ensuite.

dehors, et dedans plus encore. Mais ne vous mettez pas là-dessus en souci, cela ne vous servirait à rien, car vous n'en verrez jamais l'intérieur. Il faudrait sept hommes très grands et très forts pour qu'on le découvre, si on voulait ouvrir la tombe, car elle est recouverte d'une dalle, qui, soyez-en sûr, pour être levée exigerait sept hommes plus forts que vous et moi ne le sommes. Sur elle sont inscrites des lettres, disant : Celui qui lèvera cette dalle par lui seul délivrera tous ceux et celles qui sont en prison au pays dont nul ne sort, ni serf ni noble, à moins d'y être né. Personne n'en est jamais revenu. Les étrangers y sont retenus prisonniers, mais les gens du pays vont et viennent à leur guise, pour entrer ou sortir. »

Aussitôt le chevalier empoigne la dalle et il la soulève, sans trace de la moindre peine, mieux que dix hommes n'auraient fait en y mettant toute leur force. Le moine fut frappé de stupeur au point de manquer de tomber, quand il fut témoin de cette merveille, car il ne pensait pas de sa vie entière qu'il en verrait une pareille. Il lui dit :

« Monseigneur, me voici très désireux de connaître votre nom. Voudriez-vous me le dire ?

– Moi, non, sur ma parole ! fait le chevalier.

– Je le regrette, vraiment, fait-il, mais si vous me le disiez, ce serait un geste de grande courtoisie et vous en auriez peut-être grand profit. Qui êtes-vous et de quel pays ?

– Je suis un chevalier, vous le voyez, et je suis né au royaume de Logres. Je voudrais en être quitte pour autant. Mais vous, s'il vous plaît, redites-moi qui doit reposer dans cette tombe.

– Monseigneur, celui qui délivrera tous ceux qui sont pris dans la trappe, au royaume dont nul n'échappe. »

Maintenant il lui avait tout dit, et le chevalier l'a recommandé à Dieu et à tous ses saints, puis, le plus vite possible il a rejoint la demoiselle, tandis que le vieil homme aux cheveux blancs l'accompagne hors de l'église. Ils regagnent alors la route. Comme la jeune femme se met en selle, le moine lui raconte par le menu ce qui s'était passé à l'intérieur, et il la pria de lui dire le nom du chevalier, si elle le connaissait, mais elle a dû lui avouer qu'elle l'ignore ; il y a cependant une chose qu'elle ose lui dire en toute certitude, c'est qu'il n'y a en vie de chevalier pareil à lui nulle part où soufflent les quatre vents[1].

Sur ce, la jeune femme le laisse et s'élance au galop derrière le chevalier. À cet instant, ceux qui les suivaient surviennent et ils avisent le moine, qu'ils trouvent seul devant l'église. Le vieux chevalier, resté en chemise, lui a dit :

« Monseigneur, avez-vous vu un chevalier, dites-le nous, qui conduit une demoiselle ? »

L'autre répond :

« Je n'aurai pas de peine à vous dire sur eux toute la vérité, car ils viennent de quitter les lieux. Le chevalier était à l'intérieur et par un exploit merveilleux il a soulevé à lui tout seul, sans trahir la moindre peine, la dalle qui couvrait la grande tombe en marbre. Il va au secours de la reine, il ne fait pas de doute qu'il la sauvera et, avec elle, tout le reste du peuple. Vous le savez bien vous aussi, pour avoir très souvent lu les lettres gravées sur la pierre. Jamais en vérité ne vint au monde et ne se mit en selle un homme de la valeur de ce chevalier. »

Le père dit alors à son fils :

« Que t'en semble, mon fils ? N'est-il donc pas de grande vaillance l'auteur d'un tel exploit ? Tu sais bien maintenant lequel avait tort, tu sais si c'était toi ou moi. Je ne voudrais pas, pour la ville d'Amiens[2], que tu aies eu à le combattre. Tu t'es pourtant bien débattu avant qu'on puisse t'en détourner ! Nous n'avons plus qu'à revenir, car ce serait une pure folie que de les suivre plus avant. »

Il lui répond :

« J'en suis d'accord, les suivre, en effet, ne nous servirait à rien. Puisque vous le voulez, faisons demi-tour. »

C'était la sagesse même que de retourner.

Pendant ce temps la jeune femme chevauche tout à côté

---

1. Les *quatre vents* équivalent aux quatre points cardinaux.
2. *Amiens* était célèbre au Moyen Âge pour sa richesse.

du chevalier, cherchant à capter son attention pour apprendre de lui son nom. Elle insiste pour l'obtenir, plusieurs fois elle lui en fait la prière, à la fin, excédé, il lui répond :

« Ne vous ai-je pas dit que je suis du royaume du roi Arthur ? Par Dieu le Tout-Puissant en qui je crois, de mon nom vous ne saurez rien ! »

Elle demande alors la permission de le quitter : elle s'en retournera. Il la lui donne de bon cœur et la jeune femme le quitte.

Jusqu'à une heure très tardive il a chevauché sans compagnie. Après vêpres, à l'heure des complies[1], comme il continuait sa route, il vit un chevalier qui revenait du bois où il avait chassé. Il approchait, heaume lacé[2], sur un grand cheval de chasse gris clair, avec sa venaison chargée, ainsi que Dieu l'en avait gratifié. L'arrière-vassal[3] rapidement se porte à la rencontre du chevalier et lui offre l'hospitalité :

« Monseigneur, dit-il, il fera bientôt nuit, il est temps désormais de trouver un gîte, il serait raisonnable de le faire. Je possède une demeure près d'ici et je vous y conduirai. Jamais personne ne vous reçut mieux que je vais m'efforcer de le faire. Si vous acceptez, j'en serai très heureux.

– J'en suis moi-même très heureux », répond-il.

L'arrière-vassal aussitôt envoie son fils en avant pour rendre la maison accueillante et hâter les préparatifs du repas. Le jeune homme sans prendre de répit exécute à l'instant son ordre avec plaisir et dans la joie. Il s'en va à toute allure. Les autres, qui ne se sentent pas pressés, ont continué, derrière, leur chemin, jusqu'à ce qu'ils soient arrivés au logis. L'arrière-vassal avait pour femme une dame aux belles manières, et il avait cinq fils qu'il chérissait, trois étaient des jeunes gens encore, les deux autres,

---

1. *Vêpres ; complies :* voir note 3, p. 33. 2. Voir note 1, p. 25. 3. *Arrière-vassal* ou *vavasseur :* noble qui se trouve au bas de la hiérarchie féodale : il tient sa terre d'un vassal qui lui-même la tient d'un seigneur, et n'est quant à lui le suzerain de personne.

chevaliers, et il avait aussi deux filles, gracieuses et belles, qui étaient d'âge nubile. Ils n'étaient pas nés dans ce pays, mais ils y étaient enfermés et ils y vivaient en captivité depuis bien longtemps. Ils étaient nés dans le royaume de Logres. L'arrière-vassal a amené le chevalier chez lui, dans la cour. La dame accourt à leur rencontre, ses fils et ses filles bondissent et s'offrent tous à le servir. Ils le saluent, ils l'aident à descendre. Ce n'est pas leur seigneur qui retient beaucoup l'attention des sœurs ni des cinq frères : tous savaient bien que leur père voulait les voir agir ainsi. Ils entourent le chevalier d'égards et lui font fête. Quand ils l'eurent désarmé, l'une des deux filles de son hôte l'a revêtu de son propre manteau, qu'elle attache à son cou, après l'avoir ôté du sien[1]. S'il fut bien traité au souper, ai-je besoin de le dire ? Mais quand le repas eut pris fin, sachez qu'on n'hésita plus à aborder bon nombre de sujets. En tout premier, l'arrière-vassal chercha à savoir de son hôte qui il était et de quel pays, mais sans lui demander son nom. Il répond tout de suite :

« Je suis du royaume de Logres, jamais encore je n'avais été dans ce pays. »

Et quand l'arrière-vassal l'entend, il est saisi d'une étrange inquiétude, ainsi que sa femme et tous ses enfants. Chacun en ressent le plus grand trouble, et ils se mettent à lui dire :

« Quel malheur, cher et doux seigneur, que vous soyez venu ! Quelle grande perte à déplorer, pour vous ! Car vous aussi maintenant, vous serez comme nous dans l'asservissement et dans l'exil.

— Et d'où êtes-vous donc ? fait-il.

— Du même pays que vous, monseigneur. Nombreux sont en ce pays les hommes valeureux venus de votre terre, qui y sont en servitude. Maudite en soit la coutume, et maudits ceux qui la maintiennent ! Il n'est pas d'étranger qui, venant par ici, ne soit contraint d'y rester et que la terre ne retienne, car on est libre d'y entrer, mais

---

1. Voir note 4, p. 39.

contraint d'y rester. On n'entendra plus parler de vous. Vous n'en sortirez, je crois, jamais plus.

— Si, je le ferai ! dit-il, si je le puis. »

L'arrière-vassal reprend alors :

« Comment ? Croyez-vous pouvoir sortir d'ici ?

— Oui, si c'est la volonté de Dieu. J'y mettrai, quant à moi, toutes mes forces.

— Alors, tous les autres sortiraient également, sans aucune peur et librement, car il suffit qu'il y en ait un qui sorte, tête haute, de cette prison, pour que tous les autres puissent à coup sûr en sortir, sans problème. »

C'est alors que l'arrière-vassal s'avisa qu'on lui avait bien raconté qu'un chevalier de haute valeur était de vive force entré dans le pays à cause de la reine que détenait Méléagant, le fils du roi. Il se dit : « Certainement, à mon avis, ce doit être lui, il faut que je lui en parle. » Il lui dit alors :

« Ne me cachez rien, monseigneur, de l'affaire qui vous occupe, je vous promets, en retour, de vous donner conseil du mieux que je pourrai. J'en tirerai moi-même avantage, si vous réussissez dans ce que vous faites. Découvrez-moi toute la vérité pour notre profit à tous deux. Dans ce pays, j'en ai le sentiment, c'est pour la reine que vous êtes venu, au milieu de gens déloyaux qui sont pires que les Sarrasins[1]. »

Et le chevalier de répondre :

« Je n'y suis pas venu pour une autre raison. Je ne sais pas où ma dame est retenue prisonnière, mais tous mes efforts tendent à la secourir et j'ai grand besoin de conseil. Conseillez-moi, si vous le pouvez. »

L'autre lui dit :

« Monseigneur vous vous êtes engagé sur une voie douloureuse. La voie que vous suivez vous mène tout droit au Pont de l'Épée. Vous devriez écouter mon conseil. Si

---

1. Les *Sarrasins* représentent les Infidèles contre lesquels les chrétiens partaient en croisade. Comme à tous leurs ennemis, les hommes du Moyen Âge leur prêtaient les pires défauts, comme la cruauté et la déloyauté...

vous vouliez m'en croire, vous iriez au Pont de l'Épée par une voie plus sûre, et je vous y ferais conduire. »

Mais lui dont le désir est d'aller au plus court, demande :

« Est-elle aussi directe que la voie où nous sommes ?

— Non, fait-il, c'est au contraire une voie plus longue, mais plus sûre.

— Alors je n'en veux pas, répond-il. C'est pour celle qui est ici que j'attends vos conseils : me voici prêt et équipé.

— En vérité, monseigneur, vous ne gagnerez rien à vouloir emprunter ce chemin. Demain vous parviendrez à un passage où vous aurez vite fait de subir un dommage, il s'appelle le Passage des Pierres. Voulez-vous donc que je vous dise combien ce passage est mauvais ? Il ne peut y passer qu'un seul cheval, deux hommes ne pourraient y aller de front. Le passage à franchir est bien gardé et bien défendu. Il ne suffira pas d'y venir pour qu'on vous l'abandonne, il faudra prendre maints coups d'épée et de lance et en donner autant, avant de passer au-delà. »

Quand il lui eut tout décrit, l'un de ses fils s'avance, c'était l'un des chevaliers. Il lui dit :

« Avec ce seigneur je m'en irai, si vous n'y voyez, père, d'inconvénient. »

Alors se lève un des jeunes gens, qui dit :

« Et moi aussi, j'irai. »

Et leur père, bien volontiers, le leur permet à tous les deux. Ainsi le chevalier ne s'en ira pas seul. Il les en remercie, car il aime leur compagnie. Là-dessus la conversation prend fin, on emmène le chevalier se coucher. Il put dormir, à sa convenance.

Dès qu'il a pu voir le jour, le voici debout, sous les yeux de ceux qui devaient partir avec lui. Ils se sont aussitôt levés. Les chevaliers se sont armés et ils s'en vont, après avoir pris congé, le jeune homme s'étant porté en tête. Ils poursuivent ensemble leur chemin jusqu'à ce qu'ils parviennent au Passage des Pierres, à l'heure de prime exactement[1]. Il y avait, au milieu, une bretèche[2] où se tenait un homme en tout temps. Avant qu'ils aient pu s'approcher, le guetteur sur la bretèche, en les voyant, crie à pleins poumons :

« Un ennemi qui vient ! Un ennemi qui vient ! »

Surgit alors, à cheval, au pied de la bretèche, un chevalier revêtu d'une armure neuve, avec de chaque côté des soldats qui portaient des haches affilées. À celui qui approche du passage, le chevalier qui le garde reproche la charrette en des termes injurieux :

« Vassal[3], lui dit-il, quelle hardiesse est la tienne, et quelle grande sottise, d'être ainsi entré dans ce pays ! Jamais un homme ayant accepté de monter dans une charrette n'aurait dû venir ici ! Que Dieu ne t'en laisse plus jamais de joie ! »

Alors, de tout l'élan de leurs chevaux, ils piquent au grand galop l'un vers l'autre. Celui qui devait garder le passage brise sur-le-champ sa lance en deux et en laisse tomber les tronçons, tandis que le chevalier, le frappe en pleine gorge, juste au-dessus du bord supérieur de l'écu[4] et le jette à la renverse tout en travers des pierres. Les soldats bondissent avec leurs haches, mais ils le manquent volontairement, car ils n'ont aucune envie de faire du mal à son cheval ou à lui-même. Le chevalier s'aperçoit bien qu'ils ne cherchent pas à lui nuire ni à lui causer le moindre mal, aussi néglige-t-il de tirer son épée et il passe outre, sans autre forme de procès, avec ses compagnons derrière lui.

L'un des deux dit à l'autre que jamais il n'a vu pareil chevalier ni personne qui lui soit comparable :

« N'est-il pas vrai qu'il a fait merveille en forçant ici le passage ?

– Mon frère, au nom du ciel, cours au plus vite rejoindre mon père, dit le chevalier à son frère, et raconte lui toute l'aventure. »

---

1. Voir note 3, p. 33. **2.** *Bretèche :* ouvrage de bois crénelé dont on se servait pour attaquer et défendre les places fortes. **3.** Voir note 2, p. 34. **4.** Voir note 1, p. 25.

Mais le jeune homme déclare et jure qu'il n'ira certes pas le lui dire et qu'il entend ne jamais quitter le chevalier avant que celui-ci l'ait adoubé et fait chevalier[1]. Qu'il aille donc lui-même porter le message, s'il en a si grande envie ! Ils poursuivent donc tous les trois, en groupe, jusqu'après l'heure de none[2], à peu près. Vers cette heure-là, ils ont trouvé un homme qui leur demande qui ils sont, ils lui répondent :

« Nous sommes des chevaliers, et nous allons où nous avons à faire. »

Et l'homme dit au chevalier :

« Monseigneur, je souhaiterais à présent vous héberger, vous et vos compagnons, tous ensemble. »

Il s'adresse à celui qui lui paraît être le seigneur et le maître des autres. Mais lui de s'exclamer :

« Il est hors de question de prendre à cette heure-ci un gîte pour la nuit ! C'est une lâcheté que de traîner en route ou de chercher le repos et le confort quand l'entreprise est grande, et ce que j'ai entrepris de faire est tel que je n'en suis pas encore, loin de là, à faire étape ! »

De nouveau, l'homme insiste :

« Ma demeure n'est pas tout près d'ici, nous en avons pour un bon moment jusqu'à elle. Vous pouvez y venir avec l'assurance de ne pas être hébergé avant l'heure voulue, car il sera tard quand vous y parviendrez.

– Dans ce cas, dit-il, j'accepte d'y aller. »

L'homme se met donc en route à leur tête, et il les emmène après lui sur le grand chemin. Au bout d'une longue chevauchée, ils ont rencontré un écuyer qui arrivait le long du chemin au grand galop, sur un roussin bien gras, aussi rond qu'une pomme. L'écuyer dit à l'homme :

« Seigneur, seigneur, dépêchez-vous, car les gens originaires de Logres ont levé une armée pour attaquer les gens natifs de ce pays, ils ont déjà commencé la guerre, provoqué la discorde, entrepris la bataille, ils disent qu'un chevalier, qui a combattu en maints endroits, a fait irrup-

---

1. *Adoubé* et *fait chevalier* sont des synonymes : voir note 1, p. 31.
2. Voir note 3, p. 33.

tion dans notre pays. Personne ne peut lui défendre un passage où il entend venir : il le franchit, en dépit de tous. Ils disent tous, en ce pays, qu'il les délivrera sans exception, et qu'il soumettra les nôtres. Hâtez-vous donc, c'est mon conseil ! »

L'homme prend alors le galop, tandis que les autres se réjouissent vivement, car ils avaient entendu eux aussi. Ils voudront aider les leurs. Le fils de l'arrière-vassal[1] dit alors :

« Monseigneur, écoutez ce que dit ce soldat. Allons au secours de nos gens qui déjà se battent contre ceux de l'autre côté. »

Mais l'homme s'en va toujours, sans les attendre et se dirige au plus vite vers une forteresse qui s'élevait sur un tertre. Sa course l'a mené jusqu'à l'entrée, suivi des autres qui éperonnent. L'enceinte était fermée, tout autour, par un haut mur et un fossé. À peine eurent-ils pénétré dans la place qu'on laissa retomber sur eux, au ras de leurs talons, une porte pour les empêcher de repartir.

« Allons, disent-ils, allons de l'avant ! C'est ailleurs que nos pas doivent nous porter ! »

À la suite de l'homme, sans ralentir, ils s'en viennent jusqu'à la sortie, sans qu'elle leur fût défendue, mais sitôt que l'homme fut au-dehors, on laissa juste derrière lui retomber une porte à coulisse. Ils en étaient à se lamenter, en se voyant ainsi enfermés à l'intérieur. Ils se croient le jouet de quelque enchantement. Mais celui dont j'ai plus à vous dire possédait à son doigt un anneau dont la pierre avait la vertu de défaire l'enchantement qui le liait, dès qu'il l'avait regardée. Il met l'anneau devant ses yeux, il regarde la pierre et dit :

« Ma dame, ma dame, Dieu sait combien j'aurais maintenant besoin que vous veniez à mon secours ! »

Cette dame était une fée qui lui avait donné l'anneau et qui l'avait élevé durant son enfance ; il avait en elle une foi entière, sûr qu'il était d'être par elle, toujours secouru, où qu'il fût. Mais il voit bien, quand il l'invoque et qu'il

---

1. Voir note 3, p. 59.

regarde la pierre de l'anneau, qu'il n'y a là aucun enchantement. Il reconnaît, en toute certitude, qu'ils sont bel et bien enfermés.

Ils viennent alors jusqu'à une poterne[1] étroite et basse, que fermait une barre. Ensemble, ils tirent leurs épées, et chacun frappe de la sienne tant et si bien qu'ils ont cassé la barre. Une fois au-dehors de la tour, ils voient le combat qui a commencé, d'un bout à l'autre des prés, dense et acharné : ils étaient bien mille chevaliers au moins, tant d'un côté que de l'autre, sans compter toute la piétaille[2].

Quand ils furent descendus jusqu'aux prés, le fils de l'arrière-vassal[3] parla avec bon sens et mesure :

« Monseigneur, avant que nous venions là-bas, nous serions bien avisés, je crois, d'y envoyer l'un de nous pour apprendre de quel côté se tiennent les nôtres. Je ne sais de quel côté ils se trouvent, mais j'irai voir, si vous voulez.

– Soit ! fait-il, allez-y vite ! Et il faut aussi que vous reveniez vite. »

Il a tôt fait d'y aller et tôt fait de revenir.

« La chance est avec nous, dit-il, car j'ai pu constater, sans erreur, que ce sont les nôtres, du côté où nous sommes. »

Le chevalier se lança aussitôt en direction de la mêlée. Il rencontre un chevalier qui vient sur lui, il engage la joute et l'atteint dans l'œil d'un coup si violent qu'il l'abat mort. Le jeune fils met pied à terre, il s'empare du cheval et de l'armure du chevalier, dont il s'arme : il a belle et fière allure. Après quoi, sans hésiter, il se met en selle, il saisit l'écu[4] et la lance : elle était grande, dure, le bois en était peint. Il avait ceint au côté l'épée, une épée tranchante et claire, qui flamboyait. Il s'est jeté après son frère dans la bataille, et après son seigneur, lequel s'est en

---

1. *Poterne :* porte dans la muraille d'enceinte d'un château, de fortifications. **2.** *Piétaille :* ceux qui combattent à pied par opposition aux chevaliers qui combattent à cheval **3.** Voir note 3, p. 59. **4.** *Écu :* voir note 1, p. 25.

pleine mêlée illustré un long moment, brisant, fendant,
dépeçant écus, heaumes et haubert[1]. Ni bois ni fer ne
préservent celui qu'il atteint d'être blessé ou de voler,
mort, à bas de son cheval. Ses faits d'armes étaient tels
qu'à lui seul il les mettait tous en déroute, et ses deux
compagnons aussi savaient bien se comporter.

Mais les gens de Logres regardent avec surprise, car ils
ne le connaissent pas ; à mi-voix, ils parlent de lui au fils
de l'arrière-vassal. Tous ou presque posent tant de
questions qu'on leur a dit :

« Seigneurs, c'est lui qui nous sortira tous d'exil, nous
arrachant au grand malheur où nous avons longtemps
vécu. Nous devons l'honorer de notre mieux quand, pour
nous tirer de prison, il a passé et devra encore passer par
tant de lieux si dangereux. Il lui reste beaucoup à faire,
mais il a déjà fait beaucoup. Ils en sont remplis de joie, et,
après avoir appris la nouvelle, tous les leurs s'en sont
réjouis.

Quand la nouvelle a si bien circulé qu'elle a été
racontée à tous, elle est désormais bien connue de
chacun ; la joie qu'ils en ont ressentie accroît leur force,
et plus grande en est leur ardeur à tuer quantité d'ennemis,
et s'ils leur font subir un sort honteux, on le doit plus, me
semble-t-il, aux exploits d'un seul chevalier qu'aux
efforts conjugués de tous les autres. Si la nuit n'avait été
si proche, la déroute eût été complète, mais la nuit tomba,
si obscure, qu'il leur fallut se séparer.

Au moment du départ, tous les captifs, se bousculant,
pour ainsi dire, entourèrent le chevalier de tous côtés, en
saisissant les rênes, et ils commencent à lui dire :

« Soyez le bienvenu, très cher seigneur ! » Et chacun
d'ajouter :

« Sur ma parole, monseigneur, c'est moi qui vous
hébergerai ! »

« Au nom du ciel, monseigneur, ne faites pas halte
ailleurs que chez moi ! »

---

1. *Heaume* : voir note 1, p. 25 ; *haubert* : voir note 1, p. 34.

Chacun répète ce que dit l'autre, car, les jeunes comme les vieux, ils veulent tous l'héberger. Chacun dit :

« Vous serez mieux dans ma maison qu'ailleurs ! »

Ainsi chacun parle pour soi et arrache le chevalier à son voisin dans son désir de l'avoir pour soi. Peu s'en faut qu'ils n'en viennent aux mains ! Il leur dit que leur dispute n'est que temps perdu et que folie :

« Ne soyez pas aussi obstinés ! fait-il. Ce n'est rendre service ni à vous ni à moi. La querelle est mauvaise entre nous, nous devrions plutôt nous entraider. Il ne convient pas que le droit de m'héberger fasse entre vous l'objet d'un litige, vous devez au contraire vous montrer désireux, dans l'intérêt qui est le vôtre, de m'héberger en un lieu où je sois sur le chemin direct. »

Chacun d'eux n'en répète pas moins :

« C'est dans ma maison ! – Non, dans la mienne !

– Parler ainsi est mal encore ! fait le chevalier. À mon avis, le plus sage d'entre vous n'est qu'un fou, quand il entre dans la querelle que j'entends. Vous devriez accroître mon avance et vous voulez m'imposer des détours ! Si vous m'aviez tous, l'un après l'autre, rendu dans les règles, tout à souhait, autant d'honneur et de service que pourrait en recevoir un homme, par tous les saints qu'on prie à Rome, je n'en saurais à aucun meilleur gré de l'acte dont j'aurais profité que je ne fais de la seule bonne intention. Que Dieu me donne joie et santé, mais l'intention me fait tout autant plaisir que si j'avais reçu de chacun grand honneur et grand bienfait. Qu'elle soit prise en compte, à la place de l'acte ! »

Il parvient ainsi à les convaincre et à les apaiser. On le conduit, sur sa route, chez un chevalier aisé, pour qu'il l'héberge. Tous mettent leurs efforts à le servir. Tous lui ont témoigné la plus grande joie et l'ont servi avec les plus grands égards, de la nuit tombée jusqu'à l'heure du coucher, car ils le chérissaient dans leur cœur. Le matin, au moment de se séparer, chacun voulut partir avec lui, lui offrant sa personne et son service, mais il n'entend pas, ni ne souhaite, que d'autres l'accompagnent, à la seule exception des deux qu'il avait amenés là ; ce sont eux sans plus qu'il emmène de nouveau.

Ce jour-là, ils ont chevauché du matin jusqu'au soir, sans trouver d'aventure. Tout en allant à vive allure, ils ne sortirent que très tard d'une forêt. En débouchant, ils aperçurent la maison d'un chevalier, ainsi que sa femme, une dame qui avait l'air bonne, assise devant la porte. Aussitôt qu'elle a pu les voir, elle s'est levée à leur rencontre et d'un visage heureux et souriant elle les salue, en disant :

« Soyez les bienvenus ! Je veux vous accueillir chez moi, vous voici logés, mettez pied à terre !

— Madame, puisque vous l'ordonnez, soyez-en remerciée, nous quitterons nos montures et serons pour cette nuit vos hôtes. »

Ils mettent pied à terre et, sur-le-champ, la dame fait prendre leurs chevaux, car elle avait une belle maisonnée : elle appelle ses fils et ses filles, qui arrivèrent tout aussitôt, des jeunes gens courtois et agréables à voir, des chevaliers et de belles jeunes filles. À certains elle donne l'ordre d'ôter les selles et de bien panser les chevaux. Il n'y en eut aucun pour refuser, ils eurent, au contraire, plaisir à le faire. Elle demande aussi qu'on désarme les chevaliers : ses filles se précipitent pour le faire. Leurs armes enlevées, elles leur donnent à revêtir trois manteaux courts. Elles ont vite fait de les amener dans la maison qui était belle, mais leur père ne s'y trouvait pas. Il était dans les bois et avec lui il avait deux de ses fils. Mais il arriva tout de suite après, et sa famille qui était bien éduquée s'empresse de sortir au-devant de lui. La venaison qu'il apporte est très vite déchargée et détachée, on se met à lui raconter :

« Seigneur, seigneur, le savez-vous ? Vous avez pour hôtes trois chevaliers.

— Dieu soit loué ! » fait-il.

Le chevalier et ses deux fils montrent à leurs hôtes la plus grande joie. Et la maisonnée ne s'endort pas ! Chacun jusqu'au plus jeune était prêt à faire tout ce qu'il fallait.

Ceux-ci courent presser le repas, et ceux-là dépensent au plus vite les chandelles qu'ils allument et qu'ils font brûler. On prend la serviette et les bassins, on donne l'eau pour se laver les mains, et on le fait généreusement ! Les mains lavées, tous vont s'asseoir. Rien de fâcheux ni de pénible ne se laissait voir en ces lieux.

Au service du premier mets, se présenta chez eux dehors, à la porte, un chevalier plus orgueilleux que ne l'est un taureau, animal connu pour sa superbe. Il se tenait armé de pied en cap en selle sur son destrier[1] ; arc-bouté d'un pied sur son étrier, il avait replié l'autre jambe sur l'encolure du cheval à long crins pour avoir belle allure et faire l'élégant. Le voici venu, dans cette attitude, sans que personne ait pris garde à lui avant qu'il fût devant eux et leur dît :

« Qui d'entre vous, je veux le savoir, est assez fou et orgueilleux, et tout autant écervelé pour venir dans ce pays et s'imaginer qu'il passera au Pont de l'Épée ? Tous ses efforts ne valent rien, il a fait tout ce chemin en pure perte. »

Mais le chevalier en question, sans le moindre trouble, lui répond avec assurance :

« C'est moi qui veux passer le Pont.

– Toi ? Toi ? Comment as-tu osé en avoir l'idée ? Tu aurais dû réfléchir, avant une pareille entreprise, à la façon dont elle pourrait finir et se conclure pour toi, tu aurais dû te souvenir aussi de la charrette où tu es monté. Je ne sais si tu gardes la honte d'avoir été mené dedans, mais jamais personne de sensé ne se serait chargé d'une si haute entreprise après avoir encouru un tel blâme. »

À ce qu'il entend l'autre lui dire le chevalier ne daigne répondre un seul mot, mais le maître de la maison ainsi que tous les autres ont des raisons de s'en étonner à l'extrême :

« Ah ! Dieu ! Quelle sinistre aventure ! se dit chacun à lui-même. Maudite soit l'heure où pour la première fois fut conçue et faite une charrette ! Car c'est chose vile et

---

1. Voir note 1, p. 23.

méprisable. Ah ! Dieu ! De quoi l'accusa-t-on ? Pourquoi l'a-t-on traîné en charrette, pour quel péché, pour quel crime ? On le lui reprochera à tout jamais. S'il n'était souillé de cet opprobre, aussi loin que s'étend le monde on ne trouverait un chevalier, si éprouvée que fût sa vaillance, dont la valeur égalât la sienne, et si on les rassemblait tous, on ne verrait, à dire vrai, plus beau ni plus noble que lui. »

Ils étaient tous du même avis. Mais l'autre, en son immense orgueil, a repris son discours :

« Chevalier, dit-il, écoute-moi bien, toi qui vas au Pont de l'Épée ! Tu passeras l'eau, si tu veux, facilement, sans la moindre peine, je te mettrai dans une barque qui te fera vite traverser l'eau. Mais tu me devras le péage, quand je te tiendrai sur l'autre rive : si je veux, je prendrai ta tête, ou sinon, ton sort restera à ma merci. »

Et lui répond qu'il ne recherche nullement son propre malheur : jamais il n'aventurera sa tête de la sorte, même s'il doit lui en coûter. L'autre lui dit de nouveau :

« Puisque tu refuses d'agir ainsi, que l'un ou l'autre en ait honte ou tristesse, il te faudra venir ici dehors pour te battre avec moi corps à corps. »

Pour se jouer de lui, il répond :

« Si je pouvais dire non, je m'en passerais bien volontiers, mais je préfère avoir à me battre plutôt que de connaître pis ! »

Avant de quitter la table où ils étaient assis, il a dit aux jeunes gens qui le servaient de seller au plus vite son cheval, d'aller prendre ses armes et de les lui apporter. Ils font si vite qu'ils en sont essoufflés, les uns tout à l'effort de l'armer, les autres de lui amener son cheval. Sachez-le, on ne doutait pas, à le voir, tandis qu'il s'avançait au pas armé de toutes ses armes, l'écu fermement au bras[1], après être monté à cheval, qu'il fallût le mettre au nombre des plus beaux comme des meilleurs. Il est évident qu'ils doivent être à lui ce cheval, en si parfait accord avec lui-même, et cet écu qu'il tenait ferme à son bras par les

---

1. Voir note 1, p. 25.

poignées. Il avait sur sa tête lacé un heaume, qui s'y trouvait si bien ajusté qu'il ne vous serait pas venu à l'idée qu'il l'eût emprunté ou pris à crédit, mais vous auriez dit, tant il vous aurait plu, qu'il était né et qu'il avait grandi avec ! Je voudrais, là-dessus, qu'on me crût[1]. Passé la porte, au-dehors, dans une lande où le combat devait avoir lieu, se tient celui qui réclame la joute. Aussitôt qu'ils se voient tous deux, ils piquent à bride abattue l'un vers l'autre, et ils s'attaquent avec impétuosité en se portant avec leurs lances de tels coups qu'elles se sont pliées en arc et qu'elles volent toutes deux en éclats. À coups d'épée ils dégrossissent leurs écus, leurs heaumes, leurs hauberts[2], ils fendent les bois, brisent les fers, s'infligeant de multiples blessures ; dans leur rage, les coups dont ils se payent semblent obéir aux termes d'un contrat ! Mais très souvent les épées, en glissant, atteignent la croupe des chevaux, où elles s'abreuvent et se gorgent de sang, car ils les enfoncent jusque dans les flancs, ils finissent par les abattre tous deux morts. Après leur chute sur le sol, ils vont s'attaquer à pied l'un l'autre, et ils se haïraient à mort qu'en vérité ils ne se livreraient pas d'assauts plus sauvages à coups d'épée. Et les coups tombent plus vite encore que ceux du joueur qui mise au jeu de mine[3] et ne cesse de jeter les dés deux par deux à chaque coup perdant ! Mais le jeu était ici tout autre, il n'y avait pas de « coups ratés », mais de vrais coups, et un combat farouche, impitoyablement cruel ! Tout le monde était sorti de la maison, le seigneur, la dame, leurs filles et leurs fils, il n'y eut personne à rester, ni celle-ci, ni celui-là, qu'il fût ou non de la famille, mais ils étaient tous venus, sur un rang, pour voir la bataille au milieu de cette vaste lande.

Le chevalier de la charrette s'accuse de lâcheté et se blâme quand il voit que son hôte le regarde, et il prend

_____

1. Ce passage à la 1re personne du singulier correspond à une intervention du conteur dans le récit pour affirmer la véracité de son histoire, c'est une trace du caractère oral du conte. **2.** Voir note 1, p. 34. **3.** Voir note 1, p. 51.

garde aussi à tous les autres qui avaient les yeux sur lui.
Il se met tout entier à trembler de colère, car il devrait,
pense-t-il, avoir depuis longtemps vaincu celui contre qui
il se bat. Il lui porte alors un tel coup qu'il lui enfonce
l'épée dans le heaume jusqu'à lui frôler la tête, il fond sur
lui comme l'orage, car il le poursuit, en le pressant si
vivement qu'il le force à reculer, il gagne du terrain et le
mène jusqu'au point où il est près de perdre haleine,
n'opposant plus guère de résistance. Le chevalier soudain
se rappelle qu'il lui avait ignominieusement reproché la
charrette ; il fait alors une passe et il le met en tel état qu'il
n'y a plus d'entier autour du collet le moindre lacet ni la
moindre attache, il lui fait voler le heaume de la tête et
retomber la ventaille[1], il l'épuise et le fait tant souffrir
qu'il lui faut demander grâce, comme une alouette incapable devant l'émerillon[2] de fuir davantage ou de trouver
refuge, dès lors qu'il la dépasse et la domine de son vol.
Lui de même, traînant sa honte, se met en devoir
d'implorer grâce, car il n'a pas mieux à faire. Quand le
chevalier l'entend crier grâce, il arrête tout à fait de
frapper, et il lui dit :

« Veux-tu être épargné ?

– Quelle parole sensée ! fait-il. Même un fou en serait
capable ! Je n'ai jamais rien souhaité autant que d'être
épargné maintenant.

– Alors, répond le chevalier, il te faudrait monter dans
une charrette. Pour rien ne compterait tout ce que tu
saurais me dire, si tu ne montais dans la charrette, toi qui
as eu la langue assez folle pour m'en faire le vil
reproche. »

L'autre chevalier lui répond :

« À Dieu ne plaise que j'y monte jamais !

– Non ? fait-il. Eh bien, c'est l'heure de mourir !

– Monseigneur, c'est entre vos mains, mais, au nom du

---

1. *Heaume :* voir note 1, p. 25 ; *ventaille :* pièce de l'armure recouvrant le menton, faite de fer ou de peau rembourrée, qui tient au haubert.
On pose le heaume par-dessus la ventaille. 2. *Émerillon :* petit faucon
employé à la chasse.

ciel, je vous demande instamment grâce, pourvu seulement que je ne doive pas monter en charrette. J'accepte d'avance toute sentence, aussi dure soit-elle, hormis celle-là. J'aimerais mieux, je crois, être mort que d'avoir agi aussi malencontreusement. Tout ce que vous me direz d'autre, si dur que cela soit, je le ferai pour gagner enfin votre pardon. »

Tandis qu'il lui demande grâce, voici venir à travers la lande, montée sur une mule fauve[1] qui allait l'amble, une jeune fille, sans son manteau ni sa guimpe[2], avec un fouet à la main, dont elle cinglait à grands coups la mule. Jamais cheval au grand galop n'aurait, à vrai dire, couru si vite que la mule ne fût, à l'amble, allée plus vite encore[3] ! Au chevalier de la charrette la jeune fille a dit :

« Puisse Dieu, chevalier, te mettre au cœur la joie parfaite qui vient de celle en qui sont toutes tes délices ! »

Et lui, qui a eu plaisir à l'entendre, répond :

« Dieu vous bénisse, mademoiselle ! Qu'Il vous donne joie et santé ! »

Elle a dit alors son désir :

« Chevalier, fait-elle, je suis venue de loin, dans l'urgence, jusqu'ici vers toi, pour demander un don, en retour duquel te viendra un aussi grand bienfait qu'il sera en mon pouvoir d'accomplir ; un jour viendra où tu auras besoin de mon aide, comme je pense. »

Il lui répond :

« Dites-moi ce que vous désirez, et si je l'ai, vous pourrez l'obtenir sans tarder, s'il n'en coûte pas trop. »

Elle lui dit :

« C'est la tête de ce chevalier que tu as vaincu, et, vraiment, tu n'as jamais tué quelqu'un d'aussi profondément déloyal. Va, tu ne commettras pas le moindre péché, ce sera au contraire un acte de parfaite charité, car c'est l'être le plus déloyal qui ait été ou qui soit jamais. »

---

1. *Fauve* : au pelage d'un jaune tirant sur le roux. **2.** *Guimpe* : voile fait de toile fine, de lin ou de mousseline, couvrant une partie de la tête, le cou et les épaules des femmes. **3.** *Amble* : voir note 1, p. 55.

Quand celui qui était vaincu entend qu'elle lui demande de le tuer, il lui a dit :

« Ne la croyez pas, car elle me hait, mais je vous supplie d'avoir pitié de moi, au nom de ce Dieu, Fils et Père à la fois, qui s'est donné pour mère celle qui était sa fille et sa servante.

– Ah ! chevalier, fait la jeune fille, ne va pas croire ce traître ! Puisse Dieu te donner autant d'honneur et de joie que tu peux en désirer, et t'accorder la grâce de réussir pleinement dans la tâche que tu as entreprise ! »

Le chevalier est si embarrassé qu'immobile, il reste à réfléchir pour savoir s'il fera don de la tête à celle qui l'invite à la trancher ou si l'autre touchera assez son cœur pour qu'il ait pitié de lui. À celle-ci comme à celui-là il veut accorder sa demande. Largesse et Pitié commandent toutes deux que leur volonté soit faite, car il savait être large autant que miséricordieux. Que la jeune fille emporte la tête, et Pitié, vaincue, sera morte ; qu'elle n'en ait pas le libre usage, et Largesse sera anéantie ! Il est ainsi prisonnier de Pitié et de Largesse[1], qui le tiennent en pareille détresse, et chacune le tourmente et lui perce le cœur. La jeune fille, qui le lui demande, veut qu'il lui donne la tête, mais l'autre, de son côté, l'implore au nom de la pitié et de sa bonté naturelle. Puisque ce dernier lui a demandé grâce, ne l'obtiendra-t-il donc ? Si ! Car il n'en fut jamais autrement : quand celui qu'il avait vaincu, s'agît-il de son propre ennemi, en était réduit à crier grâce, jamais encore il ne lui était arrivé de lui refuser sa pitié, la première fois, mais, au-delà, qu'il n'y songeât pas ! Il ne la refusera donc pas à celui qui le supplie avec insistance, puisqu'il en a ainsi la coutume. Et celle qui réclame la tête, l'aura-t-elle ? Oui, s'il peut.

« Chevalier, fait-il, il te faut encore une fois combattre contre moi. Voici la grâce que je t'accorde, si tu es décidé à défendre ta tête : je te laisserai reprendre ton heaume et t'armer de nouveau, tout à loisir, de pied en cap, du mieux

---

1. Voir note 4, p. 26.

que tu pourras. Mais sache que tu n'échapperas pas à la mort, si j'ai une nouvelle fois la victoire. »

L'autre répond :

« Je ne demande pas mieux, et je n'invoque pas d'autre grâce.

– Je te laisse en outre un bel avantage, fait-il, celui de me battre avec toi sans jamais bouger d'ici même où je suis. »

L'autre s'équipe et ils se ruent au combat qui reprend avec fureur, mais le chevalier eut, la fois d'après, plus de facilité à le vaincre qu'il n'en avait eu premièrement. La jeune fille vivement lui crie :

« Ne l'épargne surtout pas, chevalier, quoi qu'il puisse te dire ! Lui, c'est certain, ne t'aurait pas épargné, s'il avait déjà eu l'occasion de te vaincre une fois. Tu peux être sûr, si tu le crois, qu'il te tendra un nouveau piège. Tranche la tête au plus déloyal qu'ait connu l'empire ou le royaume, et donne-la moi, noble chevalier. Et tu as une bonne raison de le faire, car le jour viendra, je crois, où je saurai bien t'en récompenser. Mais lui, s'il peut, il te trompera une autre fois par ses discours. »

L'autre qui voit sa mort approcher lui demande grâce à hauts cris, mais ses cris ne lui servent à rien, ni aucune chose qu'il puisse lui dire, car il le tire à lui par le heaume, dont il rompt tous les lacets, et fait tomber de sa tête la ventaille et la coiffe qui brillait[1]. L'autre redouble ses cris :

« Pitié, pour Dieu ! Pitié, vassal ! »

Mais il répond :

« Dieu ait mon âme ! Jamais je n'aurai pitié de toi, après t'avoir déjà donné un premier répit !

– Ah ! dit-il, vous feriez un péché, si vous écoutiez mon ennemie, en me tuant de la sorte. »

Mais celle qui désire sa mort de son côté l'exhorte à lui couper la tête sur-le-champ et à ne plus lui faire

---

1. *Ventaille* : voir note 1, p. 73 ; *coiffe* : coiffure de mailles ou de plaques de fer qui enveloppe la partie supérieure du crâne, à la façon d'une calotte.

confiance. Il frappe et la tête vole au milieu de la lande, le corps s'écroule, la jeune fille en est très satisfaite. Le chevalier saisit la tête par la tresse et la tend à celle qui en est remplie de joie et qui dit :

« Que ton cœur reçoive autant de joie de celle qu'il voudrait le plus au monde que j'en éprouve au fond du mien en cet instant, face à l'objet de toute ma haine ! Aucune chose ne m'affligeait autant que de le voir depuis si longtemps en vie, une récompense de ma part t'attend, qui te viendra au bon moment ; tu retireras un grand profit du service que tu m'as rendu, je te le garantis. À présent je m'en vais et je prie Dieu qu'Il te garde de tout encombre. »

Aussitôt la jeune fille le quitte, ils se recommandent l'un l'autre à Dieu.

Mais chez tous ceux qui dans la lande avaient assisté à la bataille, la joie n'a cessé de grandir. Ils désarment sur-le-champ le chevalier, en exprimant leur joie, et mettent à l'honorer tout leur savoir-faire. Tout de suite ils se relavent les mains, car ils souhaitent se remettre à table. Les voici bien plus gais qu'à l'ordinaire, et le repas se poursuit très joyeusement. Quand ils eurent pris tout leur temps pour manger, l'arrière-vassal[1] a dit à son hôte, qui était assis tout à côté de lui :

« Monseigneur, voilà longtemps que nous sommes venus ici du royaume de Logres où nous sommes nés. Nous voudrions qu'il vous revînt honneur, bienfait et joie en ce pays, car nous aussi nous en tirerions profit avec vous, et maint autre en bénéficierait, si vous trouviez votre bien et votre honneur dans l'accomplissement de cette œuvre. »

Et le chevalier répond :

« Oui, je le sais bien. »

Quand l'arrière-vassal a laissé son discours et que sa voix s'est tue, l'un de ses fils a repris en disant :

« Monseigneur, pour vous servir nous devrions mettre toutes nos forces et plutôt donner que promettre. Notre

---

1. Voir note 3, p. 59.

aide vous serait d'un grand secours et nous ne devrions pas attendre que vous nous l'ayez demandée. Monseigneur, n'ayez pas d'inquiétude pour votre cheval, s'il est mort, car il ne manque pas ici de chevaux vigoureux. Je veux que de nos biens vous n'ayez pas moins : c'est le meilleur que vous emmènerez à la place du vôtre, vous en avez grand besoin. »

Et il répond :

« J'accepte bien volontiers. »

On fait alors préparer les lits et ils se couchent. Au point du jour, les voici tôt levés et ils se préparent. Une fois prêts, il ne reste qu'à partir. À cet instant, ils ne manquent pas à l'usage : ils prennent congé de la dame et du seigneur, ainsi que de tous les autres. Mais j'ai encore une chose à vous dire, car je ne vous passe aucun détail, c'est que le chevalier n'a pas voulu monter sur le cheval offert qui l'attendait, tout prêt, à la porte ; il préféra, je tiens à vous le raconter, y faire monter l'un des deux chevaliers qui l'avaient accompagné, dont lui-même prend le cheval, ainsi en avait-il décidé. Une fois chacun bien en selle, tous trois se mirent en route avec le plein consentement de leur hôte, qui les avait servis et honorés de tout son pouvoir.

Ils suivent ainsi leur droit chemin jusqu'à l'heure où décline le jour et parviennent au Pont de l'Épée bien après none, à l'approche des vêpres[1]. Au pied du pont, si menaçant, ils sont descendus de cheval, et ils voient l'eau traîtresse, un rapide qui grondait, aux flots noirs et boueux, d'une laideur si effroyable qu'on eût dit le fleuve infernal, si périlleux et si profond que toute créature en ce monde, en y tombant, s'y fût perdue comme dans la mer aux eaux salées. Et le pont jeté en travers ne ressemblait à aucun autre, on n'en vit, on n'en verra jamais de tel. Il n'y eut jamais, si vous voulez la vérité, de si funeste pont, de si funeste planche. Une épée fourbie, brillante de blancheur, servait de pont au-dessus de l'eau froide. Mais l'épée était

---

1. Voir note 3, p. 33.

solide et rigide, et elle avait la longueur de deux lances. Il y avait de part et d'autre un grand billot où elle était soigneusement fixée. N'allez pas craindre une chute parce qu'elle romprait ou fléchirait, on l'avait si bien travaillée qu'elle était capable de supporter un grand poids. Mais ce qui désespérait les deux compagnons du chevalier, c'était qu'ils croyaient voir de l'autre côté, au bout du pont deux lions ou bien deux léopards enchaînés à un bloc de pierre. L'eau, le pont, les lions les mettent dans une telle frayeur qu'ils sont tous deux tremblants de peur et qu'ils disent :

« Monseigneur, écoutez donc un conseil sur ce que vous voyez, car vous en avez le plus grand besoin. Sinistre est la façon et l'art de ce pont, et sinistre l'ouvrage de charpente. Si vous ne vous repentez à temps, il sera ensuite trop tard pour le faire. Dans bien des cas semblables, il faut d'abord bien réfléchir. Admettons que vous soyez passé, ce qui n'a aucune chance d'arriver, pas plus qu'on ne pourrait retenir les vents et leur interdire de souffler ou arrêter les oiseaux de chanter et leur en faire désormais défense, pas plus qu'on ne pourrait retourner dans le ventre de sa mère et renaître, chose tout à fait impossible, pas plus qu'on ne pourrait vider la mer, eh bien, comment alors imaginer que les deux lions furieux qui sont enchaînés là-bas ne vous tuent, ne sucent le sang de vos veines, ne mangent votre chair et enfin ne rongent vos os ? Quelle audace est la mienne, rien que d'oser les regarder ! Si vous ne prenez garde à vous-même, ils vous tueront, sachez-le ! Ils auront tôt fait de vous briser et de vous arracher tous les membres, incapables, comme ils sont, de pitié ! Ayez donc plutôt pitié de vous-même, et restez avec nous ! Ce serait pécher contre vous-même que de vous mettre consciemment en un péril de mort aussi certain. »

Mais il leur répond en riant :

« Seigneurs, soyez remerciés de tant vous inquiéter pour moi, cela témoigne d'une noble amitié. Je sais bien qu'en aucune manière vous ne voudriez qu'il m'arrivât malheur, mais j'ai foi en Dieu, en qui je crois : en tout lieu Il saura me protéger. Ce pont ni cette eau ne me font peur, pas plus que le sol ferme où je suis. Oui, je veux courir l'aventure de le franchir, et m'y préparer : plutôt mourir que de retourner ! »

Ils ne savent plus que lui dire, mais tous deux, saisis de pitié, répandent larmes et soupirs. Quant à lui, pour traverser le gouffre, du mieux qu'il peut, il s'apprête. Il fait une chose étrange et merveilleuse : il désarme ses pieds et ses mains. Il n'en sortira pas indemne ni tout à fait valide, s'il parvient de l'autre côté. Il s'est tenu fermement sur l'épée, plus affilée qu'une faux, à mains nues et tout déchaussé, car il n'avait gardé au pied soulier, chausse ni empeigne[1]. Il ne s'est guère inquiété de s'entailler les mains et les pieds, il aimait mieux se mutiler que tomber du pont et nager dans cette eau d'où plus jamais il ne sortirait. En grande souffrance, il passe au-delà comme il le voulait, dans les plus grands tourments. Il se blesse aux mains, aux genoux et aux pieds, mais Amour qui tout au long le guide lui verse un baume et tout entier le guérit. Il lui était doux de souffrir. S'aidant des mains, des pieds et des genoux, il gagne enfin l'autre côté.

Alors lui reviennent à la mémoire les deux lions qu'il croyait y avoir vus quand il était sur l'autre bord. Il est attentif à regarder : rien, pas même un lézard ou quoi que ce soit qui lui fasse du mal ! Il porte la main devant ses yeux, regarde son anneau[2] et tient la preuve, en ne trouvant plus aucun des deux lions qu'il croyait y avoir aperçus, qu'il a été trompé par un enchantement, car il n'y avait chose qui vive.

Les autres, sur la rive d'en face, en le voyant ainsi passé, manifestent leur joie, comme on peut s'y attendre. Ils ne se rendent pas compte de ses blessures. Mais à ses

---

1. *Chausses* : vêtement couvrant les jambes et les pieds. Les chausses pouvaient être faites de drap, tricot, laine ou soie. On trouve également des chausses de fer (voir note 2, p. 43). Les *souliers* (en fer), les *empeignes* (partie supérieure du soulier), les chausses protégeaient efficacement le chevalier mais le rendaient très maladroit ; dans cette aventure, le chevalier choisit de passer pieds nus et mains nues sur l'épée affilée. **2.** Allusion à l'anneau que lui a donné une fée et qui a le pouvoir de déjouer les enchantements.

yeux, le gain est important, quand il n'a pas subi plus de dommage. Tandis qu'avec sa chemise il essuie tout autour le sang qui coule de ses plaies, il aperçoit droit devant lui une tour, jamais il n'en avait vu, de ses yeux, d'aussi puissante. Impossible de trouver mieux !

À une fenêtre était venu s'accouder le roi Bademagu, un homme dont l'esprit fin et pénétrant avait pour objet constant l'honneur et la vertu et qui par-dessus tout voulait rester fidèle, en toute occasion, à la loyauté. Et son fils, qui toujours faisait de toutes ses forces tout le contraire, car il lui plaisait d'être déloyal et jamais il ne se lassait de commettre des infamies, des trahisons et des cruautés, s'était accoudé près de lui. Depuis là-haut ils avaient vu le chevalier passer le pont à grand effort, dans la souffrance. Sous le coup de la colère, Méléagant a changé de couleur. Il sait que désormais on lui disputera la reine, mais il était si vaillant chevalier qu'il ne craignait aucun homme, si redoutable et si fort qu'il fût. Il n'y aurait eu de meilleur chevalier s'il n'avait été traître à ce point, mais il avait un cœur de pierre, sans nulle douceur ni pitié.

Ce qui rend le roi très heureux attristait infiniment son fils. Le roi savait avec certitude que l'homme qui avait franchi le pont était bien le meilleur de tous. Nul n'en aurait jamais eu l'audace s'il avait logé au fond de son cœur Lâcheté, qui couvre les siens de honte plus vite que Prouesse n'honore les bons. Prouesse aurait-elle moins de pouvoir que Lâcheté et Paresse[1] ? C'est ainsi, sans le moindre doute : il est plus facile de faire le mal que le bien.

J'aurais beaucoup à vous dire sur l'une et l'autre, mais ce serait m'attarder. J'en viens donc à autre chose et je retourne à ma matière. Écoutez donc par quel discours le roi fait la leçon à son fils :

« Mon fils, dit-il, le hasard a voulu que nous venions toi et moi nous accouder à cette fenêtre, nous en voici récompensés : devant nous s'est offert le spectacle de la plus

---

1. Voir note 4, p. 26.

haute hardiesse qu'on ait même jamais pu concevoir. Reconnais que tu ne peux en vouloir à l'auteur d'un exploit si merveilleux. Fais donc convenablement la paix avec lui, et rends-lui sans plus la reine ! Tu ne gagneras rien dans la querelle, tout au contraire tu risques d'y perdre beaucoup. N'hésite pas à te montrer sage et courtois : envoie-lui donc la reine, avant qu'il soit en ta présence. Accorde-lui chez toi, dans ce pays, l'honneur de lui donner avant qu'il le demande ce qu'il est venu chercher. Car tu ne le sais que trop bien, il est à la recherche de la reine Guenièvre. Évite de passer pour entêté, pour fou et pour orgueilleux ! Si cet homme se retrouve seul sur ta terre, tu dois lui faire compagnie, car un homme d'honneur doit attirer à lui tout homme d'honneur et le traiter avec respect et affabilité. Il ne doit pas le tenir loin de lui. Qui honore autrui, s'honore soi-même : apprends que l'honneur sera pour toi, si tu rends service et honneur à cet homme qui est sans réserve le meilleur chevalier du monde. »

L'autre répond :

« Dieu me damne, s'il n'en existe pas d'aussi bon ou de meilleur ! »

Son père a eu tort de l'oublier, car il ne s'estime pas de moindre valeur. Il lui dit :

« Mains jointes et pieds joints, voulez-vous peut-être que je devienne son vassal et que je tienne de lui ma terre ? Oui, par Dieu, plutôt devenir son vassal que de lui rendre la reine ! Ah ! Dieu me garde de la lui rendre d'une telle façon ! Eh bien, non ! je ne la rendrai pas, je la disputerai par les armes à tous ceux qui seront assez fous pour oser venir la chercher. »

Alors une fois de plus le roi lui dit :

« Mon fils, tu agirais avec courtoisie si tu cessais de t'obstiner. Calme-toi, je t'en prie, c'est mon conseil. Tu sais très bien que le chevalier aura de la gloire s'il conquiert la reine en te livrant bataille. Il doit l'obtenir sans faute par bataille plutôt que par grâce, parce qu'il y gagnera en renom. C'est pourquoi il ne veut en rien, à mon avis, la devoir à un don paisible, il désire, au

contraire, la gagner en bataille. Tu serais donc plus avisé
de le priver de cette bataille. Je souffre de voir que tu
t'égares, mais si tu méprises mon avis, j'aurai moins de
regret, s'il t'arrive des ennuis. Et il pourrait vite t'arriver
malheur, car le chevalier n'a lieu de craindre personne, toi
seul excepté. Du côté de mes hommes comme de moi-
même, je lui garantis une trêve. Je n'ai jamais commis de
déloyauté ni la moindre trahison et je ne vais pas
commencer pour toi ni pour aucun autre. Je ne veux pas
te leurrer, je suis décidé à promettre au chevalier que tout
ce dont il aura besoin en fait d'armes et de cheval, il
l'aura. Puisqu'il est si hardiment parvenu jusqu'ici, il sera
sous ma sauvegarde à l'encontre de tout homme, excepté
de toi seul. Et je tiens à te faire savoir que s'il trouve
contre toi défense il n'a personne d'autre à craindre.

— J'ai tout loisir, pour l'heure, de vous écouter, fait
Méléagant, et de me taire ! Vous êtes libre de dire ce qu'il
vous plaira, mais peu m'importent toutes vos paroles ! Je
n'ai rien d'un saint homme plein de pitié et de charité et
je ne cherche pas tant d'honneur que de lui donner celle
que j'aime le plus ! Son affaire ne sera pas réglée de sitôt
ni aussi aisément, il en ira tout autrement que vous et lui
ne l'imaginez. S'il trouve en vous un appui contre moi,
pourquoi abandonnerai-je ? Si de vous et de tous vos
hommes, il obtient paix et trêve, que m'importe à moi ?
Ne croyez pas que pour autant le cœur me manque ! Dieu
me garde ! il me plaît au contraire qu'il n'ait que moi à
redouter. Je ne vous demande rien en ma faveur qui puisse
encourir le reproche de déloyauté ou de trahison. Soyez
bon autant qu'il vous plaira et laissez-moi être sans pitié.

— Comment ? Tu n'y changerais rien ?

— Non, fait-il.

— Eh bien, n'en parlons plus ! Fais de ton mieux, car je
te laisse, je vais parler au chevalier. J'ai à cœur de lui
offrir aide et conseil, sans réserve, je suis à son entière
disposition. »

Le roi est alors descendu dans la cour, il ordonne
d'amener son cheval. On le lui amène : c'est un grand

destrier[1]. Il met le pied à l'étrier pour y monter, et, prenant de ses gens avec lui, il se fait accompagner, sans plus, par trois chevaliers et deux serviteurs. Ils ont suivi la pente jusqu'à leur arrivée au pont, où ils voient le chevalier occupé à étancher le sang de ses plaies et à l'essuyer. Pour guérir ses blessures, il devra, se dit le roi, rester longtemps son hôte, mais autant se mettre en tête d'assécher la mer entière !

Le roi s'empresse de mettre pied à terre et lui, blessé comme il était, s'est redressé à sa rencontre, quoiqu'il ne le connaisse pas, sans rien laisser paraître de la douleur qui l'étreignait aux pieds et aux mains, comme s'il était tout à fait indemne. Le roi a vu le grand effort qu'il fait, il accourt aussitôt pour le saluer, en disant :

«Monseigneur, grande est ma surprise quand vous voici dans ce pays, faisant irruption parmi nous, mais soyez-y le bienvenu : personne ne se risquera plus dans l'entreprise. Il n'est jamais arrivé et il n'arrivera plus jamais à personne d'avoir à ce point la hardiesse de se jeter dans un tel péril. Sachez-le, je ne vous en aime que plus, quand vous avez accompli ce que nul n'oserait seulement imaginer de faire. Vous me trouverez bienveillant, loyal et courtois envers vous. Je suis le roi de cette terre et je vous offre, tout à votre gré, mon service et mon conseil entièrement. Je m'en vais aisément deviner l'objet que poursuit votre quête. La reine, je crois, est celle que vous cherchez.

— Sire, fait-il, vous devinez juste, aucune autre tâche ne m'amène ici.

— Ami, vous auriez fort à faire, dit le roi, avant de l'obtenir, et vous voici grièvement blessé. Je vois vos plaies et tout votre sang. Vous ne trouverez pas suffisamment de noblesse de cœur chez celui qui l'a conduite ici pour qu'il vous la rende sans bataille. Il faut que vous vous reposiez et que vous fassiez soigner vos blessures jusqu'à leur complète guérison. Je vous donnerai du

---

1. Voir note 1, p. 23.

baume aux trois Maries[1] et d'un meilleur encore, s'il s'en trouvait, car j'ai le vif désir de votre bien-être et de votre guérison. La reine est en honnête prison, car nul ne l'approche charnellement, pas même mon fils, qui s'en désole, lui qui l'a amenée ici. On n'a jamais vu personne enrager comme il le fait, à en perdre la raison. Mais mon cœur vous affectionne, et j'aurai plaisir, Dieu ait mon âme ! à vous donner tout ce qui vous manque. Si bonnes que soient les armes de mon fils, qui m'en voudra pour ce don, les vôtres le seront tout autant, et vous aurez le cheval qu'il vous faut. De plus, je vous prends sous ma protection contre tous les autres, n'en déplaise à personne ! Ne craignez rien de qui que ce soit, exception faite de celui qui a amené la reine ici. Jamais on n'a menacé quelqu'un d'autre comme je l'ai menacé ; un peu plus et je le chassais de ce pays, dans ma colère, quand il refuse de vous la rendre. Il est pourtant mon fils, mais ne vous inquiétez pas : si, en se battant, il n'a pas sur vous la victoire, jamais il ne pourra contre ma volonté vous nuire si peu que ce soit.

– Sire, fait-il, soyez-en remercié ! Mais je suis en train de perdre et de gaspiller mon temps, et je ne veux ni le gaspiller ni le perdre. Je ne souffre de rien, je ne ressens la gêne d'aucune blessure. Menez-moi jusque devant lui : armé comme je le suis, me voici prêt à m'amuser sur-le-champ, à donner et à recevoir des coups.

– Ami, il vaudrait mieux que vous attendiez quinze jours ou trois semaines, jusqu'à la guérison de vos blessures. Le repos vous ferait du bien, pendant quinze jours au moins. Quant à moi, je ne permettrais à aucun prix – je ne pourrais supporter ce spectacle – que vous combattiez en ma présence armé de la sorte et dans cet état. »

Il lui répond :

« Si vous y consentiez, on ne verrait ici d'autres armes,

---

1. *Baume aux trois Maries :* baume miraculeux qui, selon la tradition des Évangiles, aurait servi à Marie-Madeleine, Marie Jacob et Marie Salomé pour embaumer le corps du Christ.

car je ferais volontiers avec les miennes la bataille, sans
demander, ne durerait-il que l'espace d'un instant, un
quelconque moment de répit. Mais j'accepte pour vous de
prendre assez de répit pour attendre jusqu'à demain ! Il
serait vain de vouloir en parler, car je n'attendrais pas
davantage. »

Le roi lui a promis alors qu'il en sera comme il le veut.
Il le fait conduire où se loger, en recommandant à ceux
qui l'emmènent d'être empressés à son service, et ils s'en
donnent beaucoup de peine.

Le roi, qui était très désireux de parvenir à la paix, s'il
le pouvait, retourna auprès de son fils, afin de s'adresser
à lui dans un souci de paix et de concorde :

« Cher fils, lui dit-il, fais-donc la paix avec ce chevalier, au lieu de combattre ! Il n'est pas venu ici pour se
distraire, ou aller à la chasse et tirer à l'arc, mais il est
venu en quête de gloire, pour gagner en valeur et en
renom. Il aurait pourtant le plus grand besoin de repos,
comme j'ai pu le voir. S'il avait écouté mon conseil, de
tout ce mois ni du suivant il n'aurait été avide de ce
combat qu'il appelle déjà de tous ses vœux. Si toi, tu lui
rends la reine, crains-tu d'en avoir le déshonneur ? Tu
n'as pas à le redouter, car, ce faisant, tu n'encours aucun
blâme, c'est bien plutôt un péché de retenir ce qu'on
garde sans raison ni droit. Il aurait de grand cœur livré
bataille sur-le-champ, pourtant ses mains ni ses pieds ne
sont valides, ce ne sont que plaies et coupures.

– Vos préoccupations sont vaines, fait Méléagant à son
père. Jamais, aussi vrai que j'ai foi en saint Pierre, je ne
vous écouterai à ce sujet. Il faudrait, oui, qu'on m'écartèle
entre des chevaux, si je vous écoutais ! S'il cherche l'honneur, moi aussi, s'il cherche son bien, moi de même ! Et
s'il tient si fort à se battre, je le veux cent fois plus
encore !

– Tu ne poursuis que folie, je le vois bien, fait le roi,
et tu ne trouveras rien d'autre. Demain tu mettras ta force
à l'épreuve contre ce chevalier, puisque tu le veux.

– Puissé-je n'avoir jamais pire contrariété que celle-là !
fait Méléagant. Je la voulais aujourd'hui même, bien plus

que je n'en fais cas demain. Voyez sur mon visage cet air plus sombre que d'habitude : comme mes yeux se sont troublés, comme j'ai la mine défaite ! Jamais, tant que j'attendrai ce combat, je n'aurai de joie ni de contentement ni ne trouverai de plaisir à rien. »

Le roi comprend que conseils et prières ne servent absolument à rien. Il l'a quitté à contrecœur, puis il prend un beau et vaillant cheval, ainsi que de belles armes, qu'il envoie à celui pour lequel il est bien de le faire, avec, en outre, un chirurgien, un bon chrétien, un homme loyal, le plus loyal qui fût au monde, plus habile à guérir les plaies que tous les médecins de Montpellier[1]. Ce soir-là, il a soulagé du mieux qu'il put le chevalier, suivant en cela les ordres du roi.

Mais les nouvelles étaient déjà connues des chevaliers, des jeunes filles, des dames et des grands seigneurs dans tout le pays alentour. Au terme d'une bonne journée de route, des quatre coins sont arrivés les étrangers et les gens du pays, après une rapide chevauchée toute la nuit jusqu'au lever du jour. Des uns comme des autres, au pied de la tour, dès l'aube, la foule était si grande qu'on n'aurait pas pu se retourner.

De bon matin le roi se lève, le cœur lourd à l'idée de ce combat. Il se rend de nouveau auprès de son fils, qui avait déjà attaché sur sa tête son heaume, fabriqué à Poitiers[2]. Aucun sursis ne peut être trouvé, rien ne peut rétablir la paix, malgré les demandes répétées du roi, qui toutes sont restées vaines. Le combat aura lieu devant la tour, au centre de la place où tout le monde s'est rassemblé. Ainsi le veut et l'ordonne le roi. Le chevalier étranger est sur l'heure convoqué par le roi. Il est amené sur la place qui s'était remplie des gens du royaume de Logres. Comme les fidèles ont coutume d'aller écouter les orgues à

---

1. La ville de *Montpellier* était réputée au Moyen Âge pour la qualité de ses médecins et pour son école de médecine. 2. *Heaume :* voir note 1, p. 25. La ville de Poitiers était connue pour la solidité de ses aciers et la qualité des armes qui y étaient fabriquées.

l'église aux fêtes annuelles, à la Pentecôte ou à Noël, ainsi s'étaient-ils réunis tous ensemble à cet endroit. Toutes les jeunes filles étrangères, nées au royaume du roi Arthur, trois jours durant avaient jeûné et marché pieds nus, en chemise de laine, afin que, contre son adversaire, Dieu donnât force et vigueur au chevalier qui s'apprêtait à combattre pour les captifs[1]. Pareillement, ceux du pays faisaient de leur côté pour leur seigneur prière à Dieu de lui donner l'honneur de la victoire au combat.

De bon matin, avant que sonnât prime[2], on les avait conduits tous deux au milieu de la place, bien armés, montés sur deux chevaux bardés de fer. Méléagant avait noble allure et beaucoup d'aisance, et il était bien découplé. Son haubert aux fines mailles et son heaume et son écu[3] suspendu à son cou lui allaient à merveille. Mais tous n'avaient d'yeux que pour l'autre, même ceux qui souhaitaient sa honte. Ils sont tous d'avis qu'auprès de lui Méléagant est peu de chose.

Aussitôt qu'ils furent tous deux au centre de la place, le roi s'approche et les retient tant qu'il peut, cherchant la paix de toutes ses forces, mais c'est en vain qu'il y appelle son fils. Il leur dit alors :

« Tenez bien au moins vos chevaux en bride, jusqu'à ce que je sois monté dans la tour. Ce n'est pas trop vous demander, je crois, que d'avoir la bonté d'attendre jusque-là. »

Puis il les quitte, rempli d'inquiétude, et va tout droit où il savait que se tenait la reine, car elle lui avait, la veille au soir, demandé d'être mise à une place d'où elle pourrait voir pleinement tout le combat, et il lui avait accordé cette faveur. Il est donc venu la chercher pour l'y

---

1. Il y a là un problème de chronologie relative puisque le combat entre Méléagant et Lancelot a lieu du jour au lendemain et que les jeunes filles qui prient pour la victoire de Lancelot ne pouvaient, par conséquent, avoir été prévenues de ce combat trois jours auparavant. Le public du Moyen Âge n'était pas gêné par ce genre d'imprécision chronologique et la Renommée qui colportait les nouvelles possédait des vertus fabuleuses, alliant rapidité et prescience. **2.** Voir note 3, p. 33. **3.** Voir note 1, p. 25.

conduire, car il n'entendait pas ménager sa peine pour l'honorer et la servir. Il l'a placée à une fenêtre et lui-même est resté auprès d'elle, à sa droite, penché à une autre fenêtre. Il y avait avec eux, en bon nombre, réunis de part et d'autre, des chevaliers, des dames de bon conseil, des jeunes filles natives du pays et aussi beau-coup de captives, qui sans relâche aucune redoublaient de prières. Prisonnières et prisonniers, tous priaient pour leur seigneur, car ils avaient foi en Dieu et en lui pour obtenir secours et délivrance.

Les deux chevaliers font alors sans tarder reculer tous les présents. Heurtant l'écu du coude, ils l'embrassent par les brides. Piquant des deux, dans l'élan ils enfoncent de deux bons bras leurs lances dans les écus, si bien qu'elles volent en éclats et se brisent comme du menu bois. Les chevaux viennent à fond de train l'un sur l'autre. Front contre front, poitrail contre poitrail, leur choc est tel, tandis que se heurtent les écus et les heaumes, qu'on aurait cru, dans le fracas qui s'ensuivit, entendre un vrai coup de tonnerre. Les pièces du poitrail, les deux rangées de sangles, les étriers, les rênes, tout s'est rompu, et les arçons des selles[1], pourtant solides, sont en pièces. Ils n'ont guère eu de quoi rougir, s'ils se retrouvent eux-mêmes au sol, dès lors qu'a cédé tout le harnais.

D'un bond, ils se sont remis sur pied, sans vaines paroles ils s'attaquent l'un l'autre plus sauvagement que deux sangliers. Sans plus de menaces, ils se portent des coups terribles avec leurs épées d'acier, comme d'impla-cables ennemis. Souvent ils entaillent si cruellement les heaumes et les haubers brillants[2] que le fer fait au pas-sage jaillir le sang. Ils soutiennent le combat avec vigueur, tant ils se malmènent rudement à force de coups lourds et cruels. Ils ont échangé à égalité maints assauts prolongés et violents, sans qu'on ait pu savoir qui des deux prenait l'avantage.

---

1. Voir note 4, p. 24. **2.** Voir note 1, p. 34. On polissait soigneuse-ment les mailles d'acier qui composaient le haubert ; c'est pourquoi il est souvent qualifié de blanc ou de brillant.

Mais il était inévitable que celui qui était passé sur le pont sentît gravement faiblir ses mains qui étaient blessées. La frayeur a saisi tous ceux qui prenaient parti pour lui, car ils voient ses coups faiblir, ils craignent qu'il n'ait le dessous. Ils avaient déjà l'impression qu'il était en train de perdre et que Méléagant l'emportait. Ils ne cessaient d'en parler autour d'eux.

Mais, aux fenêtres de la tour, se tenait une jeune fille intelligente. Elle réfléchit et se dit en elle-même que le chevalier n'avait certes pas juré de se battre pour elle ni pour tout le menu peuple qui avait accouru sur la place et qu'il n'en aurait rien entrepris, s'il ne s'était agi de la reine. Aussi pense-t-elle que s'il la savait présente à la fenêtre, en train de le regarder, il reprendrait force et courage. Que ne savait-elle son nom ! Elle aurait eu plaisir à lui dire de regarder un peu autour de lui. Elle se rendit alors auprès de la reine, en disant :

« Au nom du ciel, madame, dans votre intérêt et dans le nôtre, je vous demande de me dire, si vous le savez, le nom de ce chevalier, afin de lui venir en aide.

– Dans ce que vous me demandez, mademoiselle, fait la reine, je ne vois rien d'hostile ni de méchant, tout au contraire. Lancelot du Lac, c'est le nom du chevalier, que je sache[1].

– Mon Dieu, j'en ai le sourire au cœur et je retrouve la vie ! » fait la jeune fille.

Elle saute en avant et l'interpelle à haute voix, si fortement que tous l'entendent :

« Lancelot, retourne-toi et regarde qui est là, les yeux fixés sur toi ! »

Quand Lancelot entendit son nom, il fut prompt à se retourner. Il se tourne et il voit là-haut, assise aux loges de la tour[2], celle qu'au monde il avait le plus grand désir de voir. Dès le moment qu'il l'aperçut, il se figea, sans

1. C'est la première fois que le nom du chevalier qui est monté sur la charrette est prononcé ; il n'est pas sans importance que ce soit la reine Guenièvre qui le nomme la première. 2. *Loges* : galeries placées à l'extérieur de la tour, en hauteur, qui permettaient aux dames de suivre les combats et les tournois sans courir de danger.

plus détourner d'elle ses yeux ni son visage. Plutôt se défendre par-derrière ! Cependant Méléagant le pressait toujours le plus qu'il pouvait, rempli de joie à l'idée qu'il ne peut plus lui résister. Les gens du pays exultent, les étrangers en ont un tel chagrin qu'ils sentent leurs genoux se dérober. Nombreux furent même ceux qui durent, dans leur désarroi, se laisser tomber à genoux ou de tout leur long. On trouve ainsi joie et deuil ensemble. Alors, de nouveau, se fit entendre, de la fenêtre, le cri de la jeune fille :

« Ah ! Lancelot ! Que signifie une conduite aussi insensée ? Il n'y a pas si longtemps, tout le bien et toute la prouesse résidaient en toi. Vraiment, je ne crois pas que Dieu nous ait jamais donné un chevalier qui te fût comparable en valeur ou en renom. Et te voilà dans un tel embarras que tu jettes tes coups en arrière et que tu combats derrière ton dos ! Fais donc le tour de façon à être du côté où tu auras sous les yeux cette tour qu'il est si doux de regarder. »

Lancelot le prend comme une honte et un outrage, au point de s'en haïr, car il sait bien que trop longtemps dans ce combat il a eu le dessous, au vu et au su de tous. Il recule d'un bond, en contournant Méléagant qu'il met ainsi de force entre la tour et lui. Méléagant fait grand effort pour repasser de l'autre côté, mais Lancelot se rue sur lui et le heurte si violemment de tout son poids avec l'écu[1], quand il veut lui aussi faire le tour, qu'il l'en détourne tout à fait, à deux reprises ou plus, malgré lui. En lui grandissent la force et l'audace, car Amour le soutient sans réserve et il n'avait, d'autre part, jamais haï personne autant que cet homme en train de se battre contre lui. Amour, ainsi qu'une haine mortelle, dont on n'avait pas, à ce jour, vu d'aussi grande, le rendent si terrible, si ardent que l'affaire n'a plus rien d'un jeu pour Méléagant, qui maintenant a peur, car il n'a jamais approché ni connu un chevalier si indomptable, jamais il n'a été si maltraité par aucun chevalier comme par lui. Il

---

1. Voir note 1, p. 25.

voudrait bien se tenir à distance : il échappe et il recule,
fuyant ses coups, qu'il n'apprécie pas. Lancelot ne se perd
pas en menaces, mais à force de coups le chasse vers la
tour où la reine se tenait appuyée. Souvent, en la servant
comme il le lui doit, il se rapprochait d'elle de si près
qu'il lui fallait s'arrêter là, car il eût cessé de la voir en
avançant d'un pas de plus. Ainsi Lancelot très souvent le
refoulait puis le ramenait de toutes parts là où il le voulait,
mais toujours il s'arrêtait devant sa dame, la reine, elle qui
a mis en lui cette flamme d'où lui vient tant de constance
à la regarder, cette flamme qui lui donnait si grande
ardeur contre Méléagant qu'il le menait partout à sa guise,
en le chassant devant lui. Il le promène malgré lui comme
un aveugle ou un estropié d'une jambe.

Le roi voit son fils si touché qu'il ne trouve plus moyen
de se défendre, il en a le cœur triste et saisi de pitié. S'il
le peut, il le tirera d'affaire, mais c'est la reine qu'il lui
faut prier, pour bien s'y prendre. Il lui a donc tenu ce
discours :

« Madame, je vous ai montré beaucoup d'amour en
vous servant et en vous honorant depuis que je vous ai eue
en mon pouvoir. Il n'y a rien que j'aie su faire sans
l'accomplir aussitôt volontiers, si seulement j'y voyais
votre honneur. À vous maintenant de m'en récompenser !
Mais le don que je veux vous demander, vous ne devriez
pas me l'accorder à moins de le faire par amour pour moi.
Je vois bien que dans ce combat, à coup sûr mon fils a le
dessous. Ce n'est pas parce que je le regrette que je vous
implore, mais pour que Lancelot, qui en a le pouvoir, ne
le tue pas. Vous ne devez pas non plus le vouloir, non pas
qu'il ne vous ait causé bien du tort à vous comme à lui,
mais faites-le pour moi, par pitié, dites-lui, je vous en
prie, de se retenir de le frapper. Vous me revaudriez ainsi,
s'il vous plaisait, le mérite de vous avoir servie.

– Mon cher seigneur, puisque vous m'en priez, je le
veux bien, dit la reine. Aurais-je une haine mortelle
envers votre fils, que je n'aime point, vous avez eu tant
d'égards pour moi qu'afin de vous être agréable, je
consens à ce qu'il s'arrête. »

Cette réponse ne fut pas dite à voix basse : elle fut entendue de Lancelot et de Méléagant. Celui qui aime sait obéir. Il fait bien vite et de bonne grâce ce qui doit plaire à son amie, s'il aime d'un cœur entier. Il était donc normal que Lancelot obéît, lui qui aima mieux que Pyrame, si jamais on a pu aimer plus. Lancelot a entendu la réponse. Sitôt que le dernier mot fut tombé de sa bouche, sitôt qu'elle eut dit : «Si vous voulez qu'il s'arrête, je le veux bien aussi», Lancelot pour rien au monde ne l'aurait touché ni n'aurait bougé, dût-il être tué par l'autre. Il ne le touche pas, il ne bouge pas, tandis que l'autre le frappe autant qu'il peut, devenu fou de colère et de honte, quand il en est réduit, comme il l'apprend, à ce qu'on doive supplier pour lui. Mais le roi, pour le raisonner, est descendu de la tour. Venu sur le lieu du combat, il s'empresse d'interpeller son fils :

«Comment ? Trouves-tu convenable de le frapper, quand lui ne te touche pas ? C'est être à présent trop cruel et violent, et ta prouesse vient mal à propos : nous savons pertinemment qu'il a pris le dessus sur toi.»

Alors Méléagant dit au roi, dans l'égarement de la honte :

«Seriez-vous devenu aveugle ? Je crois que vous n'y voyez goutte ! Il faut être aveugle pour douter que je l'aie emporté sur lui.

— Cherche donc, fait le roi, quelqu'un pour te croire ! Car tous ces gens savent bien si tu dis vrai ou si tu mens. Nous connaissons la vérité.»

Le roi dit alors à ses vassaux de tirer son fils en arrière, ce qu'ils font sans perdre de temps, obéissant aussitôt à son ordre. Méléagant est contenu, mais pour retenir Lancelot, il n'y a pas eu fort à faire, car l'autre aurait pu longtemps encore le maltraiter avant qu'il ripostât. Le roi a dit alors à son fils :

«J'en jure par Dieu, tu dois maintenant faire la paix et rendre la reine. Tu dois laisser toute l'affaire et renoncer entièrement.

— Vous parlez pour ne rien dire ! Ce débat est vide de

sens, allez-vous-en et laissez-nous combattre, ne vous en mêlez donc plus ! »

Mais le roi répond qu'il continuera à s'en mêler :

« Je sais bien qu'il te tuerait, dit-il, si on vous laissait combattre.

– Lui, me tuer ? C'est plutôt moi qui le ferais, et vite, en vainqueur, si vous nous laissiez combattre au lieu de nous en empêcher. »

Le roi dit alors :

« Dieu ait mon âme, toutes tes paroles ne servent à rien.

– Pourquoi ? fait-il.

– Ma volonté est autre. Ni ta folie ni ton orgueil ne me persuaderont de te laisser tuer. Il faut être fou pour vouloir sa mort comme tu fais, sans même le savoir. Je sais bien que tu me détestes parce que je veux t'en garder. Jamais, à mon gré, Dieu ne permettra que j'assiste ainsi à ta mort, car j'en aurais le cœur brisé. »

À force de parler et de le raisonner, il rétablit entre eux la paix. Aux termes de l'accord, il lui rend la reine, mais à la condition que Lancelot, sans le moindre délai et quel que soit le moment choisi, dès qu'il en aura sommation, se battra un an après, jour pour jour, de nouveau avec Méléagant. La chose ne déplaît pas à Lancelot. Le peuple entier accourt à la paix. On décide que la bataille aura lieu à la cour du roi Arthur, seigneur de la Bretagne et de la Cornouaille[1]. C'est là qu'on veut qu'elle soit, encore faut-il que la reine y consente et que Lancelot s'engage, au cas où l'autre le réduirait à merci, à la laisser repartir avec lui, sans que personne la retienne. La reine donne son accord et Lancelot en fait promesse. Ainsi les a-t-on mis d'accord, puis séparés et désarmés.

Le pays avait une coutume : il suffisait que l'un pût le quitter, et tous les autres le pouvaient également. Chacun bénissait Lancelot, et je vous laisse à penser si la joie fut grande alors. Ce fut le cas, n'en doutez pas. Les étrangers

---

1. Le roi Arthur paraît régner à la fois sur la *Bretagne* (Grande-Bretagne) et la *Petite Bretagne* (Cornouaille), ces deux royaumes sont séparés par la mer.

se rassemblent tous, en exprimant leur joie à Lancelot et en proclamant pour qu'il l'entende :

« Oui, monseigneur, nous avons été remplis de joie dès que nous avons entendu votre nom, car d'emblée nous étions sûrs que nous serions tous délivrés. »

Il y avait foule pour ces manifestations de joie, car ils essaient tous avec impatience de parvenir à le toucher. Celui qui réussit le plus à s'approcher n'a pas assez de mots pour dire son bonheur. La joie était intense, et la tristesse aussi, car tous ceux qui sortent de prison se laissent aller à leur joie, mais Méléagant et les siens ne trouvent là rien à leur goût, ils en restent songeurs et accablés.

Le roi s'en va, quittant la place, sans oublier Lancelot qu'il prend avec lui et qui le supplie de le mener devant la reine.

« Je ne serai pas le dernier à accepter, répond-il, je n'y vois rien à redire, et, si vous le désirez, je vous ferai voir en même temps le sénéchal Keu. »

Si grande en est la joie de Lancelot qu'il serait pour un peu tombé à ses pieds. Le roi l'a conduit sur-le-champ dans la salle où s'était rendue la reine et où elle attendait. Quand la reine aperçoit le roi, tenant Lancelot par le doigt, elle s'est levée à sa rencontre, mais elle montre un visage contrarié, elle a baissé la tête, sans mot dire.

« Madame, voici Lancelot qui vient pour vous voir, dit le roi, cela doit vous faire plaisir.

— À moi, sire ? Non, pas du tout. Je n'ai que faire de sa visite.

— Ne dites pas cela, madame ! fait le roi, qui était un homme généreux et courtois. D'où vous vient donc pareille humeur ? C'est mal agir, en vérité, envers celui qui vous a tant servie, au point de souvent mettre, en cours de route, sa vie pour vous en de mortels périls. Il vous a secourue et défendue contre mon fils Méléagant, qui bien à contrecœur vous a rendue.

— Eh bien ! sire, il a perdu son temps. Je ne crains pas de l'affirmer, je ne lui en sais aucun gré. »

Et Lancelot de s'abîmer dans ses pensées. Puis il lui fait

cette réponse si humble, comme il convient à un parfait amant :

« Madame, n'en doutez pas, j'en suis triste, et je n'ose vous en demander la raison. »

Lancelot volontiers se serait plaint si la reine l'eût écouté, mais, pour mieux l'anéantir, elle ne daigne lui répondre un seul mot, préférant se retirer dans une chambre, tandis que Lancelot jusqu'à l'entrée l'accompagne des yeux et du cœur. Mais le chemin parut bien court aux yeux, car la chambre n'était pas très loin. Ils auraient bien voulu la suivre plus avant, s'ils avaient pu. Le cœur, en plus grand seigneur, disposant de plus de pouvoir, a franchi le seuil, derrière elle. Les yeux sont restés à la porte, emplis de larmes, avec le corps.

Le roi, en confidence, lui a dit :

« Lancelot, je me demande, étonné, ce que signifie et d'où vient que la reine ne tolère pas votre vue et ne veuille pas vous parler. Si jamais elle eut coutume de parler avec vous, elle ne devrait pas aujourd'hui s'y refuser jusqu'à fuir votre entretien, après ce que vous avez fait pour elle. Mais dites-moi, si vous le savez, pour quel motif, pour quelle faute elle vous a montré ce visage.

— Sire, jusqu'à cette heure je n'y avais pris garde, mais il est sûr que ma vue lui déplaît et qu'elle ne veut pas entendre ma voix. Cela me tourmente et m'attriste.

— Il est certain qu'elle a tort, fait le roi, car vous vous êtes pour elle jeté en péril de mort. Mais venez donc, ami très cher, allons parler au sénéchal.

— Je souhaite en effet, dit-il, y aller. »

Ils se rendent tous deux auprès du sénéchal. Quand Lancelot fut devant lui, le premier mot du sénéchal fut de dire à Lancelot :

« Tu m'as couvert de honte !

— Moi ? En quoi ? fait Lancelot, dites-le moi. Comment ai-je pu vous causer de la honte ?

— De façon très grave, en menant à bien ce que je n'ai pas pu accomplir. Tu as fait ce que moi je n'ai pas pu faire ! »

Pour les laisser en tête-à-tête, le roi sort alors seul de la chambre. Auprès du sénéchal, Lancelot s'enquiert s'il a beaucoup souffert.

« Oui, répond-il, et c'est toujours le cas. Je souffre maintenant plus que jamais. Je serais mort depuis longtemps sans le roi qui vient de nous quitter. Plein de pitié, il m'a montré son amitié avec tant de douceur que jamais à sa connaissance rien qui me fût nécessaire ne m'a une seule fois manqué : on m'en faisait la préparation aussitôt que je le désirais. Mais pour un bienfait de sa part, voici que, de son côté, Méléagant, son fils, qui n'a son pareil pour mal faire, mandait traîtreusement à lui les médecins pour leur donner l'ordre de me mettre sur les plaies des pommades propres à me tuer. J'avais ainsi un père et un parâtre. Quand le roi me faisait mettre sur les plaies un bon emplâtre, dans son désir de faire au mieux pour hâter ma guérison, son fils alors, dans sa traîtrise, ne cherchant qu'à me tuer, le faisait bien vite enlever et remplacer par un onguent nocif. Mais je suis tout à fait sûr que le roi n'en savait rien. Il n'aurait d'aucune façon toléré un crime aussi noir. Mais vous ignorez tout de la noblesse de sa conduite envers ma dame. Jamais tour ne fut si bien gardée par nul guetteur en pays frontière depuis le temps de l'Arche de Noé, qu'il n'ait su, elle, mieux la garder encore. Il ne la laisse pas même voir à son fils, qui s'en désespère, sauf devant la foule des gens ou bien en sa propre présence. Ce noble roi, béni soit-il, l'a traitée jusqu'ici et continue de la traiter avec tout le respect qu'elle a su imposer autour d'elle. Car c'est elle, et elle seule, qui en a défini les règles. Le roi ne l'en a que plus estimée, quand il a vu sa loyauté. Mais ce qu'on m'a dit est-il vrai, qu'elle a tant de dépit contre vous qu'elle a devant tous refusé de vous adresser la moindre parole ?

– On vous a dit la vérité, fait Lancelot, absolument. Mais sauriez-vous, au nom du Ciel, me dire pourquoi elle me hait ? »

L'autre répond qu'il n'en sait rien, mais qu'il s'en trouve étrangement surpris.

« Que sa volonté soit faite ! » dit Lancelot, qui doit s'en tenir là.

Il ajoute :

« Il me faut prendre congé. J'irai en quête de monseigneur Gauvain, qui est entré dans ce pays en me promettant qu'il viendrait directement au Pont sous l'Eau. »

Il a quitté alors la chambre pour venir devant le roi lui en demander l'autorisation. Le roi y consent volontiers, mais ceux qu'il avait délivrés et arrachés à leur prison lui demandent ce qu'ils feront. Il leur dit :

« Viendront avec moi tous ceux qui le souhaiteront, et ceux qui voudront rester auprès de la reine, qu'ils le fassent ! Rien n'exige qu'ils m'accompagnent. »

Avec lui partent ceux qui le veulent, plus joyeux qu'à l'accoutumée et avec la reine demeurent des jeunes filles, qui montrent leur joie, et des dames et maints chevaliers. Mais il n'y en a pas un seul, en demeurant, qui n'aurait préféré rentrer dans son pays plutôt que de rester. Mais si la reine les retient, c'est pour la venue de monseigneur Gauvain. Elle dit qu'elle ne bougera pas avant d'avoir de ses nouvelles.

Partout se répand la nouvelle que la reine est tout à fait libre et que tous les prisonniers sont délivrés. Ils pourront s'en aller sans faute, dès que bon leur semblera. De l'un à l'autre, on s'enquiert de la vérité. Quand les gens se rassemblaient, ils ne parlaient pas d'autre chose. Mais on est aussi très fâché que soient détruits les mauvais passages : on va et on vient comme on veut, rien n'est plus comme d'habitude !

Quand, parmi les gens du pays, ceux qui n'avaient pas assisté au combat apprirent le succès de Lancelot, ils se sont tous dirigés là où ils savaient que lui-même allait, croyant faire plaisir au roi s'ils lui amenaient prisonnier Lancelot. Ses gens à lui étaient tous dépourvus de leurs armes, aussi furent-ils le jouet des gens du pays venus tout armés. Qu'on ne s'étonne pas s'ils prirent Lancelot qui était désarmé ! Ainsi captif, ils le ramènent, les pieds attachés sous son cheval. Et eux de dire :

« Vous agissez mal, messeigneurs, car le roi nous protège, nous sommes tous mis sous sa sauvegarde. »

Et les autres :

« Nous n'en savons rien, mais c'est comme nos prisonniers que vous devrez venir à la cour. »

La rumeur, toujours prompte à courir, arrive au roi, disant qu'on a pris Lancelot et qu'on l'a tué. En l'apprenant, le roi est accablé, il jure sur sa tête, et plus encore, que les auteurs de sa mort mourront eux aussi sans pouvoir s'en défendre. Qu'il les tienne entre ses mains, et il n'y aura plus qu'à les pendre, à les brûler ou à les noyer. S'ils ont l'intention de nier, jamais, à aucun prix, il ne leur fera crédit, car ils lui ont rempli le cœur de trop de tristesse et lui ont fait un affront tel qu'il lui serait toujours reproché, si vengeance n'en était pas prise. Aussi la prendra-t-il, qu'on n'en doute pas !

Partout circule la nouvelle, qui pour finir trouva la reine, venue s'asseoir pour le repas. Elle a manqué de se donner la mort au moment même où sur Lancelot elle apprend la nouvelle mensongère, mais qu'elle croit véritable. Elle en est si profondément troublée que pour un peu elle en perd la voix. Mais à cause de l'assistance, elle dit tout fort :

« Sa mort, vraiment, me cause un immense chagrin, et mon chagrin n'est pas sans raison : il vint pour moi dans ce pays, comment n'aurais-je pas de peine ? »

Puis elle se dit tout bas, afin qu'on ne l'entendît pas, que de boire et de manger il est vain de la prier encore, s'il est bien vrai que soit mort celui qui était toute sa vie. Pleine de tristesse, elle se lève aussitôt de table, pour se lamenter loin de ceux qui peuvent l'entendre. Prête à se tuer, dans sa folie, souvent elle se prend à la gorge, mais il faut d'abord qu'elle se confesse, toute seule. Elle se repent et bat sa coulpe, en s'accusant sévèrement d'avoir commis un péché envers celui qui, elle le savait, avait toujours été sien et qui, vivant, le serait encore. Elle a tant de regret d'avoir été cruelle que sa beauté s'en trouve altérée. Qu'elle ait été cruelle et méchante la touche et ternit plus son éclat que de veiller et de jeûner. Elle fait le compte et la somme de ses fautes, qui, chacune, repassent devant elle, elle les a toutes en mémoire, en se répétant :

«Hélas! Où ai-je pris l'idée, quand mon ami vint devant moi, au lieu de l'accueillir avec joie, de ne pas même vouloir l'écouter? Quand je refusai de le voir, de lui parler, n'était-ce pas folie de ma part? Folie? Grand Dieu, non, mais plutôt cruauté et méchanceté! J'ai cru le faire par simple jeu, il en a jugé autrement et ne me l'a pas pardonné. C'est moi seule qui lui ai porté le coup fatal, à mon avis. Quand il vint en riant devant moi, à l'idée que je serais heureuse de le voir et lui ferais fête, et que je ne voulus pas le voir, n'était-ce pas un coup mortel? En refusant de lui parler, je lui ai, sur l'heure, arraché la vie avec le cœur. Voilà, je crois, les deux coups qui l'ont tué, aucun autre soudard[1] ne l'a tué. Mon Dieu! Pourrai-je racheter ce meurtre, ce péché? Mais non! On aura vu d'abord se dessécher les fleuves et la mer se tarir. Hélas! Quel apaisement, quel grand réconfort j'aurais trouvé si une seule fois, avant sa mort, j'avais pu le tenir entre mes bras! Comment? Mais nus, l'un contre l'autre, afin d'en être plus à l'aise. Quand il n'est plus, je suis bien lâche de ne pas rechercher la mort. Pourquoi? Cela nuit-il à mon ami si je vis toujours après sa mort sans trouver de plaisir à rien, sauf aux tourments que j'endure pour lui? Si c'est tout mon plaisir après sa mort, quelle douceur eût apporté à sa vie le mal auquel présentement j'aspire! La lâcheté est de vouloir mourir plutôt que de souffrir pour son ami. Oui, il m'est infiniment doux de mener ainsi un deuil incessant. Plutôt vivre, accablée de coups, que trouver le repos dans la mort!»

La reine resta ainsi prostrée deux jours durant, sans boire ni manger, si bien qu'à la fin on la crut morte. Il y a toujours quelqu'un pour porter les nouvelles, surtout quand elles sont mauvaises. Le bruit parvient à Lancelot que morte est sa dame et son amie. S'il en fut affligé, n'en doutez pas! Il est facile de deviner l'étendue de tout son chagrin. Mais si vous tenez à l'apprendre, sachez qu'il fut désespéré au point de prendre en dégoût sa vie et de

---

1. *Soudard* : mercenaire, terme méprisant désignant un homme de guerre brutal et grossier.

vouloir se tuer sans tarder. Mais il exhale d'abord ses plaintes. Tandis qu'il fait un nœud coulant à l'un des bouts de sa ceinture, il s'adresse tout en pleurs ces mots :

« Ah ! Mort ! Quel piège tu m'as tendu ! Plein de vigueur, déjà je me sens faible. J'ai perdu mes forces et ne sens aucun mal, excepté le chagrin qui me pénètre le cœur. Ce chagrin est un mal, et même mortel. Je veux bien qu'il en soit ainsi, et, s'il plaît à Dieu, j'en mourrai. Eh quoi ? N'y a-t-il pas d'autre moyen de mourir, si Dieu n'y consent ? Certainement, pour peu qu'Il me laisse serrer ce nœud autour de ma gorge. J'espère ainsi que la Mort en sera réduite malgré elle à m'ôter la vie. La Mort, qui a toujours cherché ceux qui ne veulent pas d'elle, refuse de venir, mais avec ma ceinture je vais la saisir et elle sera là. Quand elle dépendra de moi, elle répondra à mon désir. Non ! Elle sera trop longue à venir, tant j'ai de hâte à la trouver ! »

Alors, sans plus aucun retard, il passe sa tête par le nœud jusqu'à ce qu'il tienne autour de son cou, et, dans le but de se détruire, il attache par l'autre bout la ceinture étroitement à l'arçon de la selle[1], sans éveiller l'attention de personne, puis se laisse glisser au sol, attendant que son cheval le traîne jusqu'à l'extinction de sa vie.

Il ne veut pas vivre une heure de plus. En le voyant tombé à terre, ceux qui chevauchaient avec lui le croient d'abord évanoui, car personne n'a remarqué le nœud qui lui serrait la gorge. Le prenant aussitôt à bras-le-corps, ils le relèvent dans leurs bras et découvrent alors le nœud qu'il s'était mis autour du cou, se faisant ainsi l'ennemi de lui-même. En toute hâte ils l'ont coupé, mais le lacet avait déjà blessé sa gorge si durement qu'il resta longtemps sans pouvoir parler, car les veines du cou et de la gorge avaient bien failli se rompre toutes. Ensuite, l'aurait-il voulu, on ne l'a plus laissé se faire du mal. On le surveillait, il ne le supportait pas, se consumant presque de douleur, car il aurait bien voulu se tuer, si on n'y avait

---

1. Voir note 4, p. 24.

pas pris garde. En voyant qu'il ne peut se détruire, il
s'écrie :

« Ah ! Vile et indigne Mort ! Par Dieu, n'avais-tu pas,
toi la Mort, assez de puissance et de force pour me
prendre moi, au lieu de ma dame ? Mais tu aurais bien agi,
aussi n'as-tu daigné le faire. Ta perversité seule m'a
épargné, on ne l'imputera à rien d'autre. Quelle faveur !
Que de bonté ! Tu ne pouvais mieux la placer ! Au diable
qui te remercie pour un service de la sorte ! Je ne sais
vraiment qui me hait le plus, de la vie qui m'appelle à soi
ou de la mort qui se refuse à moi. L'une comme l'autre
me font mourir, mais j'ai bien mérité, par Dieu, d'être
malgré moi toujours en vie, car je me devais de mourir,
dès l'instant où ma dame la reine me témoigna de la
haine. Ce n'est pas sans raison qu'elle le fit. Il devait y
avoir un bon motif, même si j'ignore lequel. Mais si je
l'avais connu, avant que son âme eût rejoint Dieu, je lui
en aurais offert une réparation aussi éclatante qu'elle l'eût
souhaitée, pourvu qu'elle m'eût pardonné. Mon Dieu, ce
crime, qu'était-ce donc ? Peut-être, je crois bien, a-t-elle
appris que je suis monté dans la charrette. Je ne vois pas
quel blâme j'encourrais, à part celui-là. Il m'a perdu. Mais
si sa haine vient de là, Dieu ! ce crime devait-il me nuire ?
Pour vouloir me le reprocher, il faut ne pas savoir ce
qu'est Amour. On ne pourrait rien mentionner qui méritât
un seul reproche si l'amour en était la cause. Tout ce
qu'on fait pour son amie n'est rien qu'amour et courtoisie.
Mais je ne peux pas dire que je l'ai fait pour mon amie,
je ne sais comment dire, hélas ! Je ne sais s'il faut dire
amie ou pas. Je n'ose pas lui donner ce nom. Mais en
matière d'amour je sais au moins qu'elle ne devait pas
pour autant me mépriser, si elle m'aimait. Elle devait au
contraire m'appeler vrai ami, quand c'était à mes yeux un
honneur d'accomplir pour elle tout ce qu'ordonne Amour,
fût-ce de monter dans la charrette. Elle devait le mettre au
compte de l'amour, à titre de preuve authentique. Amour
éprouve ainsi les siens et les reconnaît comme tels. Mais
servir ainsi ma dame ne fut pas à son goût, j'en fis l'expérience à l'air dont elle me reçut. Pourtant son ami a fait là

une chose qui maintes fois lui a valu d'encourir pour elle la honte et le blâme. Je me suis livré à un jeu qu'on me reproche, et ce qui m'était doux m'est devenu amer, oui vraiment, comme le veulent ceux qui n'entendent rien à l'amour et qui lavent l'honneur dans la honte. Mais, pour l'honneur, ce bain de honte ne le lave pas, il le souille ! Ce sont des profanes en amour ceux qui le traitent aussi mal, et ils se sont retirés bien loin d'Amour, ceux qui se jouent de ses commandements. Car on grandit à coup sûr en valeur quand on fait ce qu'Amour commande, et tout doit être pardonné. On se rabaisse en n'osant le faire. »

Lancelot se lamente ainsi, et ses gens, à côté de lui, qui le gardent et le retiennent, en sont tristes. Entre-temps la nouvelle arrive que la reine n'est pas morte. Lancelot y trouve aussitôt réconfort, et si, auparavant, il avait eu un tel désespoir de sa mort, il eut, de la savoir en vie, bien cent mille fois plus de joie. Quand ils se furent approchés à six ou sept lieues du manoir où résidait le roi Bademagu, celui-ci reçut la nouvelle qui était chère à son cœur et qu'il eut plaisir à entendre : Lancelot était vivant, il revenait sain et sauf. Il s'est conduit en homme courtois en allant avertir la reine, qui lui répond :

« Mon cher seigneur, vous le dites et je le crois, mais s'il était mort, je vous l'assure, je n'aurais plus connu le bonheur. Toute joie me serait devenue étrangère si un chevalier, pour me servir, avait perdu la vie. »

Là-dessus le roi se retire, tandis qu'il tarde à la reine de voir venir son ami qui fait sa joie. Elle n'a plus la moindre envie de lui chercher en rien querelle. La rumeur qui ne connaît pas de repos, mais continue à courir sans cesse, revient dire à la reine que Lancelot se tuait pour elle si seulement il l'avait pu. Elle en est contente et n'en doute pas, mais elle ne l'aurait voulu pour rien au monde : il ne méritait pas tant de malheur. Sur ces entrefaites, voici qu'arrive en toute hâte Lancelot. À peine l'a-t-il aperçu, le roi accourt pour l'embrasser, il lui semble qu'il a des ailes, tant sa joie le rendait léger. Mais sa joie n'a guère duré, quand il voit ceux qui l'ont pris et lié.

Malheur à eux d'être venus, leur dit le roi, c'est être déjà morts !

Ils lui ont seulement répondu qu'ils pensaient obéir à ses vœux.

« Ce qui vous parut bon, à moi, me déplaît, fait le roi, et l'affaire ne le touche pas lui, ce n'est pas lui que vous couvrez de honte, mais moi, qui l'avais sous ma protection. La honte est pour moi, quoi qu'on fasse. Mais vous n'aurez pas l'occasion d'en rire, quand vous serez sortis d'ici. »

Quand Lancelot voit sa colère, il s'efforce du mieux qu'il peut de ramener entre eux la paix et y parvient. Alors le roi le mène voir la reine. Mais la reine cette fois n'a pas gardé les yeux baissés, elle se porta tout heureuse à sa rencontre, lui témoigna tous les égards et le fit asseoir auprès d'elle. Ils eurent tout loisir ensuite de parler de ce que bon leur semblait, et les sujets ne manquaient pas, car Amour leur en fournissait grand nombre. Quand Lancelot voit le champ libre et qu'il ne dit rien qui ne plaise à la reine, alors il ajoute tout bas :

« Madame, quel étrange visage vous m'avez fait l'autre jour en me voyant : vous ne m'avez pas dit un mot ! Pour un peu vous me donniez la mort et je n'ai pas eu la hardiesse, comme je l'ose en cet instant, de vous faire la moindre demande. Madame, je suis prêt à réparer, si vous me nommez le crime qui m'a causé tant de tourments. »

La reine ne lui cache rien :

« Comment ! La charrette ne vous a-t-elle pas fait honte et rempli de crainte ? Vous y êtes monté à contrecœur, quand vous avez tardé l'espace de deux pas ! Voilà pourquoi, en vérité, je n'ai voulu ni vous parler ni vous regarder.

— Dieu me préserve une autre fois, fait Lancelot, d'une telle faute ! Qu'Il n'ait jamais pitié de moi si vous n'aviez raison d'agir ainsi ! Madame, pour l'amour de Dieu, acceptez que je vous en offre réparation sur l'heure et, si vous devez jamais me le pardonner, je vous en prie, dites-le moi !

– Ami, votre peine en est remise entièrement, fait la reine, je vous le pardonne de bon cœur.

– Madame, fait-il, soyez-en remerciée, mais je ne peux vous dire ici tout ce dont je voudrais parler. J'aurais souhaité un entretien plus libre encore, s'il se pouvait. »

La reine alors lui montre du regard, non du doigt, une fenêtre, en disant :

« Venez me parler cette nuit, ici, à la fenêtre, à l'heure où tous en ces lieux dormiront. Vous passerez par ce verger, mais vous ne pourrez pas entrer ici même pour y passer la nuit : je serai dedans, vous resterez dehors, vous ne parviendrez pas à pénétrer. Je ne pourrai me joindre à vous que de la voix ou par la main, mais j'y serai, pour l'amour de vous, jusqu'au matin, si vous le désirez. Nous retrouver est impossible, car devant moi dans la chambre est couché le sénéchal Keu, qui se meurt des blessures dont il est couvert ; la porte, d'autre part, n'est pas laissée ouverte, elle est bien fermée et surveillée. Et prenez garde en venant que personne ne soit là à vous épier.

– Madame, fait-il, tant qu'il sera en mon pouvoir, je ne me laisserai épier par personne qui penserait à mal en me voyant ou en médirait. »

Ainsi est pris leur rendez-vous. Ils se séparent dans la joie.

Quand Lancelot sort de la chambre, il est si heureux qu'il a oublié la somme de tous ses tourments. Mais la nuit se fait trop attendre et le jour lui parut plus long, à devoir le supporter, que cent autres, voire qu'un an ! Comme il fût allé bien vite au rendez-vous si la nuit était tombée ! Dans son combat contre le jour, la nuit profonde et ténébreuse remporta enfin la victoire et le couvrit de son manteau. Quand il vit le jour s'obscurcir, il feint la fatigue et la lassitude, disant qu'il avait trop veillé, qu'il avait besoin de repos. Vous comprendrez sans trop de peine, vous qui avez agi de même, que la fatigue, l'heure de dormir, sont un prétexte pour les gens de la maison, mais il n'appréciait pas tant son lit : pour rien au monde il n'y eût pris de repos, il ne l'aurait pu ni osé, il n'aurait pas non plus voulu en avoir l'audace ou le pouvoir.

Très vite, sans bruit, il s'est levé. Ce n'était pas pour lui déplaire si ne brillaient lune ni étoile, si ne brûlaient dans la maison chandelle, lampe ni lanterne. Jetant les yeux autour de lui, il s'en alla sans donner l'alerte. Tout le monde pensait qu'il passerait la nuit à dormir au fond de son lit. Mais sans compagnon et sans garde, il se hâte vers le verger. Il ne fit aucune rencontre et il eut aussi la chance qu'un pan du mur entourant le verger se fût depuis peu écroulé. Par cette brèche il s'introduit promptement et finit par venir à la fenêtre. Il s'y tient coi, sans tousser ni éternuer. La reine est apparue enfin dans la blancheur d'une chemise, sans robe ni tunique par-dessus, un manteau court sur les épaules en soie d'écarlate et peau de souslik[1]. Quand Lancelot aperçoit la reine qui s'appuie contre la fenêtre munie de gros barreaux de fer, il lui donne en gage un salut plein de douceur qu'elle s'empresse de lui rendre, car un même désir les appelait lui vers elle et elle vers lui.

Ils ne sont pas là pour parler de sujets fâcheux ou indignes d'eux, ils se rapprochent l'un de l'autre et par la main tous deux se tiennent. Mais ils souffrent à l'extrême de ne pouvoir se réunir, maudissant les barreaux de fer. Pourtant Lancelot se fait fort avec l'agrément de la reine d'entrer lui aussi dans la chambre : les fers ne l'arrêteront pas. La reine lui répond alors :

« Mais ne voyez-vous comme ces barreaux sont durs à briser et rigides ? Vous aurez beau les empoigner et les tirer de force à vous, vous ne pourrez en arracher un seul.

– Madame, fait-il, soyez sans souci ! Je ne crois pas que ce fer y puisse grand-chose, rien sinon vous seule ne peut m'empêcher de bien parvenir jusqu'à vous. Si seulement vous m'y autorisez, la voie est libre devant moi. Mais il suffit qu'il vous déplaise, et l'obstacle sera si grand que rien ne m'y ferait passer.

---

1. *Manteau* : voir note 4, p. 39 ; la *chemise*, vêtement de lin, descend jusqu'aux pieds ; la *robe* passée par-dessus la chemise est soit le bliaut, de riche étoffe, souvent garni de fourrure, soit la cotte (tunique), moins élégante ; *souslik* : petit écureuil.

– Je le veux, c'est certain, dit-elle. Ma volonté ne vous retient pas. Il vous faut seulement attendre que je puisse me recoucher, pour que le bruit ne cause pas votre perte, car le sénéchal dort ici : les jeux et les plaisirs seraient finis si le bruit que vous faites le réveillait. Il convient donc que je m'éloigne, car il ne pourrait l'interpréter en bien, s'il me voyait ici debout.

– Allons, madame, fait-il, n'ayez pas la moindre crainte que j'en vienne à faire du bruit. Je pense ôter les barreaux doucement, sans y mettre trop de peine et sans réveiller personne. »

La reine, à ces mots, s'en retourne, et lui, il prend ses dispositions pour venir à bout de la fenêtre. Il s'attaque aux fers et les tire à lui, réussissant à tous les tordre, à les extraire de leur place, mais leur fer était si coupant qu'il s'entailla jusqu'aux nerfs la première phalange du petit doigt et se trancha toute la première jointure du doigt voisin. Mais son esprit est bien ailleurs et il ne sent rien du sang qu'il perd ni d'aucune de ses blessures. La fenêtre était assez haute, Lancelot cependant y passe vite et avec facilité. Il trouve Keu qui dormait dans son lit, puis s'avance jusqu'au lit de la reine.

Devant elle il s'incline et l'adore, car il ne croit pas autant aux plus saintes reliques, mais la reine tend les bras à sa rencontre, elle l'enlace, et l'étreint contre sa poitrine, elle l'attire à elle dans son lit et lui fait le plus bel accueil qu'elle puisse jamais lui faire, car il jaillit du cœur et de l'amour. Amour la pousse à lui faire ainsi fête. Mais si grand que soit pour lui son amour, il l'aime cent mille fois plus, car Amour a laissé les autres cœurs à l'abandon, mais pas le sien. Amour a repris tout entier vie dans son cœur, et de façon si absolue qu'il est partout ailleurs resté médiocre. Lancelot voit à présent tous ses vœux comblés, puisque la reine se plaît à avoir l'agrément de sa compagnie, puisqu'il la tient entre ses bras et elle lui entre les siens. Dans les baisers et les étreintes il trouve au jeu un si doux bonheur que, sans mentir, il leur advint une joie d'une telle merveille que d'une pareille encore on n'entendit jamais parler. Mais je garderai le silence sur

elle, car sa place n'est pas dans le récit ! Cette joie que le
conte doit nous taire fut, de toutes, la plus parfaite et aussi
la plus délicieuse. Que de joie et que de plaisir eut Lancelot toute la nuit !

Mais vient le jour, et sa tristesse, quand il doit se lever
d'auprès de son amie. Il connut le sort des vrais martyrs,
si douloureux fut cet arrachement. Oui, il endure le mar-
tyre. Son cœur s'en retourne sans fin là où la reine est
restée, et il n'a pas le pouvoir de le reprendre, car il se
plaît tant avec la reine qu'il n'a pas envie de la laisser. Le
corps peut partir, le cœur reste. Il se dirige vers la fenêtre
mais il reste aussi un peu de son corps, car les draps se
trouvent tachés et colorés par le sang qui est tombé de ses
doigts. Lancelot part désespéré, plein de soupirs et plein
de larmes. Aucun rendez-vous n'est fixé, hélas ! mais ce
n'est pas possible. Il repasse à contrecœur la fenêtre par
où il eut la joie d'entrer. Ses doigts n'étaient plus entiers,
car ses blessures étaient profondes. Il a pourtant redressé
les barreaux et les a remis à leur place, si bien que devant
ni derrière ni d'aucun côté que ce soit il n'apparaît qu'on
eût ôté ou tiré ou tordu l'un d'eux.

En partant, il s'est prosterné devant la chambre, en
agissant comme s'il était en face d'un autel, puis il s'en
va, rempli d'angoisse, sans rencontrer personne qui le
connaisse, et revient enfin au logis. Il se couche nu dans
son lit, sans réveiller qui que ce soit. Quelle n'est pas sa
surprise alors de voir pour la première fois que ses doigts
sont blessés ! Mais il n'en est en rien troublé, parce qu'il
a très bien compris qu'il s'est blessé à la fenêtre en arrachant les fers du mur. Aussi ne s'en est-il pas affligé, car
il voudrait mieux avoir les deux bras arrachés du corps
que de n'être pas allé plus avant. Mais s'il s'était en une
autre occasion aussi laidement meurtri et fait du mal, il en
aurait été très mécontent.

La reine, le matin venu, s'était doucement assoupie
dans sa chambre aux belles tentures, sans s'être rendu
compte que ses draps étaient tachés de sang, elle les
croyait toujours bien blancs, beaux et agréables à voir.

Cependant Méléagant, sitôt vêtu et préparé, a pris le
chemin de la chambre où la reine était couchée. Elle
s'éveillait. Il voit les draps tachés de fraîches gouttes de
sang. Il donne une bourrade à ses compagnons et, l'esprit
prompt à voir le mal, il jette les yeux vers le lit du sénéchal Keu et voit les draps tachés de sang, car la même
nuit, sachez-le, ses plaies s'étaient toutes rouvertes !

« Madame, dit-il, j'ai trouvé les preuves que je sou-
haitais ! Il faut être fou, c'est bien vrai, pour vouloir
garder une femme. C'est perdre son temps et sa peine.
Elle a plus vite échappé à qui la surveille qu'à celui qui
n'y prête pas attention. Il a vraiment fait bonne garde,
mon père, qui à cause de moi vous surveille ! Il vous a
bien gardée de moi, mais quoi qu'il en ait, cette nuit, le
sénéchal Keu vous prêta attention, il a eu de vous tout son
désir, et il y a une pièce à conviction.

– Laquelle ? fait-elle.

– En témoigne le sang que je vois sur vos draps,
puisqu'il me faut enfin le dire. Ainsi je le sais et le
prouve, en voyant sur vos draps et sur les siens le sang qui
coula de ses plaies. Ce sont des preuves véridiques. »

La reine alors pour la première fois vit sur l'un et sur
l'autre lit, à sa surprise, les draps ensanglantés. Elle en eut
honte et en rougit.

« Que Dieu me protège ! a-t-elle dit, ce sang sur mes
draps dont je m'avise n'y a pas été mis par Keu, j'ai, cette
nuit, saigné du nez. Ce fut mon nez, je le suppose. »
Elle croit dire la vérité.

« Sur ma tête, fait Méléagant, tous vos discours sont
inutiles, chercher à feindre est aussi vain, vous êtes bel et
bien coupable, la vérité sera prouvée. »

Il dit alors aux gardes qui étaient présents :

« Seigneurs, ne bougez pas d'ici ! Veillez à ce que les
draps de ce lit ne soient pas enlevés avant mon retour.
J'entends que le roi me rende justice, quand la chose aura
été vue de lui. »

Puis il partit à sa recherche. L'ayant trouvé, il se jette à
ses pieds en disant :

« Sire, venez voir ce dont vous n'avez le soupçon, allez

donc auprès de la reine, vous verrez une vraie merveille, comme je l'ai moi-même vue. Mais avant que vous n'y alliez, je veux vous prier de ne pas manquer à la justice que vous me devez. Vous savez très bien les périls dont j'ai couru l'aventure pour la reine. Vous en êtes devenu mon ennemi, car vous la faites garder contre moi. Ce matin je suis allé jeter un œil sur son sommeil et j'en ai vu assez pour qu'il soit très clair à mes yeux qu'avec elle Keu couche chaque nuit. Sire, pour Dieu ! n'ayez de déplaisir si je m'en plains et en suis contrarié, car mon indignation est à son comble quand je la vois me haïr et me mépriser, tandis que chaque nuit Keu couche avec elle.

— Tais-toi ! fait le roi, je n'en crois rien.

— Sire, venez donc voir les draps et l'état où Keu les a mis. Puisque vous ne me croyez sur parole, pensant toujours que je vous mente, je vais vous montrer draps et couverture tachés du sang des plaies de Keu.

— Eh bien ! allons-y, pour que je le voie, fait le roi, car je veux le voir, je saurai par mes yeux la vérité. »

Le roi se rend tout aussitôt dans la chambre, où il a trouvé la reine en train de se lever. Il voit dans son lit le sang sur les draps, ainsi que sur le lit de Keu.

« Madame, dit-il, l'affaire se gâte si ce qu'a dit mon fils est vrai.

— Dieu m'en soit témoin, répond-elle, jamais, même à propos d'un songe, on n'inventa de si noir mensonge ! Je crois que le sénéchal Keu est si courtois et si loyal qu'il ne mérite pas qu'on se défie de lui. Quant à moi, je ne mets pas à l'encan[1] mon corps ni n'en fais livraison ! Keu n'est pas homme en vérité à me faire une si injurieuse requête et je n'ai jamais eu envie d'y céder ni ne l'aurai jamais.

— Sire, je vous en saurai gré, dit Méléagant à son père, si Keu paie cher sa folle action et que la reine en ait la honte. La justice relève de vous, elle vous touche. Je vous la demande avec insistance. Keu a trahi le roi Arthur, son

---

1. *Mettre à l'encan* : mettre en vente aux enchères publiques.

seigneur, qui se fiait à lui au point de remettre à ses soins ce qu'il a de plus cher au monde.

— Sire, souffrez que je réponde, fait Keu, et je m'en défendrai. Quand j'aurai quitté ce bas monde, que Dieu ne pardonne pas à mon âme si jamais j'ai couché avec ma dame ! Je souhaiterais bien plutôt la mort que d'avoir contre mon seigneur tenté une offense aussi laide. Puisse Dieu jamais ne me rétablir en meilleur point que je ne suis ici, que la mort à l'instant me saisisse au contraire, si j'en ai jamais eu seulement la pensée ! Mais je sais au moins que mes plaies ont cette nuit saigné abondamment, mes draps s'en trouvent tout sanglants, aussi votre fils ne me croit-il pas, alors qu'il n'en a aucun droit. »

Et Méléagant de répondre :

« Vraiment par Dieu, de vrais démons, des diables vous ont pris au piège ! Cette nuit vous aviez trop d'ardeur et, à vous tuer à la peine, vos plaies, c'est sûr, se sont rouvertes ! Vos beaux récits sont sans valeur, le sang des deux côtés est une preuve, et bien visible, on le constate. La justice veut qu'on paie son crime, quand on en est sur le fait convaincu. Jamais un chevalier de votre dignité n'a commis un tel manquement, et vous voici couvert de honte.

— Sire, sire, dit Keu au roi, j'entends défendre ma dame et moi-même contre l'accusation de votre fils. Il me jette en bien des tourments, mais, s'il m'accable, il n'a pas le droit pour lui.

— Il n'est pas question de vous battre, fait le roi, car vous souffrez trop.

— Sire, si vous le permettez, affaibli comme je le suis, je veux me battre contre lui et bien montrer que je n'ai pas de part au blâme dont il m'a chargé. »

Cependant la reine a mandé très discrètement Lancelot, elle dit au roi qu'elle aura un chevalier en cette affaire pour défendre le sénéchal contre Méléagant, s'il ose[1]. Méléagant dit aussitôt :

---

1. Un chevalier peut défendre la cause d'un autre chevalier, à condition que le chevalier qui se juge offensé l'accepte.

« Je n'excepte aucun chevalier, même si c'était un géant, de la bataille à entreprendre où l'un devra rester vaincu. »

Alors Lancelot est entré. Les chevaliers, en s'attroupant, avaient rempli toute la pièce. Dès qu'elle l'a vu arriver, devant tous, jeunes comme vieux, la reine raconte l'affaire :

« Lancelot, dit-elle, voici la honte que m'impute Méléagant. J'en suis tombée en discrédit auprès de tous ceux qui l'apprennent, si vous n'obtenez pas qu'il se rétracte. Cette nuit, prétend-il, Keu a couché avec moi, parce qu'il a vu mes draps et les siens tout tachés de sang, ce dont Keu sera convaincu s'il ne peut se défendre contre lui ou faire assumer par un autre, venu à son aide, ce combat.

– Vous n'avez pas de cause à plaider, là où je me trouve, fait Lancelot. À Dieu ne plaise qu'on soupçonne ou lui ou vous en cette affaire ! Je suis prêt à soutenir par les armes qu'il n'en conçut jamais l'idée, et si j'ai en moi quelque force, je l'en défendrai de mon mieux, j'entreprendrai la bataille pour lui. »

Méléagant a bondi en avant et il dit :

« Que Dieu ait mon âme ! C'est là tout ce que je désire. Qu'on n'aille pas croire que j'en sois affligé !

– Sire roi, a dit Lancelot, je m'y connais en matière de droit, en procès et en jugements : un combat sur un tel soupçon ne peut aller sans un serment. »

Méléagant sans aucune crainte s'est empressé de lui répondre :

« Eh bien, soit pour les serments ! Qu'on apporte à l'instant les reliques, car je sais bien que j'ai le droit pour moi[1] ! »

Lancelot dit à son encontre :

« Que Dieu m'en soit témoin ! En un tel acte, il faut,

---

1. Les serments se prêtent sur les reliques des saints, ce qui leur confère un caractère sacré ; il s'agit de plus ici d'un jugement par ordalie, c'est-à-dire que c'est Dieu qui désignera, en lui donnant la victoire, le chevalier qui est dans son droit.

pour douter de sa parole, n'avoir jamais connu le sénéchal. »

Ils réclament sur-le-champ leurs chevaux et donnent
l'ordre d'apporter leurs armes : les voici aussitôt, en tas.
De jeunes nobles les arment. Ils sont donc armés et, déjà,
on a sorti les reliques. Méléagant s'est avancé avec Lancelot, à côté. Tous deux se mettent à genoux. Méléagant
étend la main vers les reliques et jure tout net :

« J'en prends Dieu et ce saint à témoins, cette nuit le
sénéchal Keu fut pour la reine un compagnon de lit et il a
pris d'elle tout son plaisir.

– Je t'en reprends comme parjure, dit Lancelot, et je
jure à mon tour qu'il n'a pas couché avec elle et ne l'a pas
connue. Que de celui qui a menti Dieu prenne vengeance
à son gré et qu'Il en donne un signe manifeste ! Mais il est
un autre serment que je veux ajouter : je jure, même si
d'aucuns s'en affligent, que s'il m'est donné aujourd'hui
d'avoir sur Méléagant le dessus, c'est là toute l'aide que
je demande à Dieu ainsi qu'au saint dont voici les
reliques, je serai pour lui sans pitié. »

Le roi n'eut pas lieu de se réjouir quand il entendit ce
serment. Une fois les serments prêtés, leurs chevaux
furent avancés, des montures en tous points excellentes.
Ils se sont tous deux mis en selle et ils fondent l'un sur
l'autre de tout l'élan de leur cheval. C'est au plus fort de
leur galop que ces guerriers se portent un tel coup qu'il ne
reste rien de leurs lances, hormis ce que leurs poings en
gardent. Et chacun jette l'autre à terre, mais ils ne passent
pas pour morts, car ils se relèvent aussitôt et ils font tout
pour se blesser du tranchant de leurs épées nues. Des
heaumes[1] jaillissent au ciel de très vives étincelles. Ils se
livrent de si furieux assauts, leurs épées nues à la main,
que dans ce continuel va-et-vient, ils échangent des
coups, l'un contre l'autre, sans chercher la moindre trêve
à seule fin de reprendre haleine. Le roi, toujours plus mal
à l'aise, fait alors appel à la reine qui était venue

---

1. Voir note 1, p. 25.

s'accouder là-haut, aux loges de la tour : au nom de Dieu le Créateur, qu'elle consente à ce qu'ils se séparent !

« Ce qui vous plaît m'agrée aussi, dit la reine en toute franchise, je ne m'y opposerai en rien. »

Lancelot a bien entendu ce que la reine a répondu à cette requête du roi. Dès lors il ne veut plus combattre, la pluie de coups a cessé aussitôt de sa part, tandis que Méléagant frappe de plus belle, sans prendre la moindre relâche. Mais le roi se jette entre eux deux et retient son fils, qui lui jure qu'il se moque bien de la paix :

« Je veux me battre et n'ai cure de paix !

— Tais-toi donc, lui répond le roi, écoute-moi, tu feras bien ! Tu n'en retireras, si tu m'écoutes, aucune honte ou préjudice. À toi d'agir comme il convient. As-tu oublié que tu as, toi, à la cour du roi Arthur, juré bataille contre lui ? Eh bien ! ne doute pas un seul instant qu'il ne t'échoie là plus d'honneur qu'ailleurs, si tu le faisais bien. »

Le roi lui parle ainsi pour voir s'il parviendra à le calmer. C'est enfin le cas et il les sépare. Et Lancelot qui était impatient d'aller retrouver monseigneur Gauvain, est venu demander congé au roi et ensuite à la reine.

Avec leur permission il s'achemine très vite vers le Pont sous l'Eau, accompagné d'une troupe nombreuse de chevaliers qui le suivaient. Mais il aurait, dans bien des cas, préféré qu'ils fussent restés. Parcourant de bonnes étapes, ils approchent enfin du Pont sous l'Eau, mais une lieue les en sépare encore. Avant qu'ils en soient assez près pour qu'il soit à portée de vue, un nain est arrivé à leur rencontre sur un grand cheval de chasse, un fouet à lanières à la main pour le faire aller et le menacer. Il a aussitôt demandé, comme il en avait reçu l'ordre :

« Qui d'entre vous est Lancelot ? Ne m'en cachez rien, car je suis des vôtres, mais parlez en toute confiance : je le demande pour votre bien. »

La réponse lui vient de Lancelot, qui de lui-même dit :

« C'est moi qui suis celui que tu demandes.

— Ah ! noble chevalier, laisse là ces gens, aie confiance, et viens sans personne avec moi. Je veux te mener dans un bon endroit. Mais que nul ne te suive, à aucun prix ! Qu'on t'attende, au contraire, ici, nous reviendrons dans un instant. »

Et lui, sans y voir aucun mal, commande à ses gens de rester et suit le nain qui l'a trahi. Les siens qui sont là à l'attendre auront tout loisir de le faire, car ceux qui se sont emparés de lui n'ont aucune envie de le rendre. Voilà ses gens au désespoir de ne pas le voir revenir, et ils ne savent trop que faire. Tous disent que le nain les a trahis, et ils en furent tristes, inutile de le demander. Ils partent, affligés, à sa recherche, mais sans savoir où le trouver ni de quel côté le chercher. Pour prendre conseil ils se réunissent et l'accord se fait, il me semble, parmi les plus sensés d'entre eux, pour s'en aller jusqu'au passage du Pont sous l'Eau, qui est tout près, et ne chercher qu'ensuite Lancelot, guidés par monseigneur Gauvain, s'ils le trouvent dans les parages. Tout le monde se range à cet avis et veut le suivre exactement.

Ils se dirigent vers le Pont sous l'Eau et dès leur arrivée au pont, ils ont vu monseigneur Gauvain qui, ayant basculé, était tombé dans l'eau, profonde à cet endroit. Tantôt il sort, tantôt il coule, on le voit, puis on le perd de vue.

Ils ont bondi pour l'agripper à l'aide de branches, de perches et de gaffes. Il n'avait plus que son haubert sur le dos, et son heaume bien attaché, qui à lui seul en valait dix, et ses chausses de fer toutes rouillées par sa sueur, tant il avait souffert de peines et traversé, en vainqueur, nombre de périls et d'attaques. Sa lance était restée avec l'écu et son cheval sur l'autre rive[1]. Mais en le retirant de l'eau, ils ne croient pas qu'il soit vivant, tant il en avait avalé. Avant qu'il eût rendu le tout, on ne put avoir un seul mot de lui.

Quand il eut recouvré sa voix, et qu'un souffle de vie passa de nouveau, si bien qu'il put se faire entendre, aussitôt qu'il en fut capable, il se mit à parler : ce fut tout de suite pour demander, au sujet de la reine, à ceux qu'il

---

1. *Heaume, écu :* voir note 1, p. 25 ; *haubert :* voir note 1, p. 34 ; *chausses :* voir note 2, p. 43.

voyait devant lui, s'ils en savaient quelque nouvelle. Ils lui répondent en disant que sans jamais la quitter, le roi Bademagu reste auprès d'elle pour la servir et l'honorer.

« Est-il déjà venu quelqu'un en ce pays pour la chercher ? demande-t-il.

– Oui, ont-ils alors répondu.

– Qui ?

– Lancelot du Lac, font-ils. En passant le Pont de l'Épée, il l'a secourue et l'a délivrée ainsi que nous tous, avec elle. Mais un nabot nous a trahis, un nain bossu et grimaçant qui nous a joué un vilain tour, en nous enlevant Lancelot. Nous ne savons ce qu'il a fait de lui.

– Quand était-ce ? dit monseigneur Gauvain.

– Aujourd'hui même, monseigneur, tout près d'ici, alors que, lui et nous, nous venions à votre rencontre.

– Et comment s'est-il comporté depuis son arrivée dans ce pays ? »

Ils se mettent à le lui dire, dans un récit fait de bout en bout, sans oublier un seul détail. Ils ajoutent à propos de la reine qu'elle l'attend en affirmant que rien ne la ferait quitter le pays avant de le voir ou d'avoir de lui des nouvelles sûres. Monseigneur Gauvain leur répond :

« En nous éloignant de ce pont, nous irons en quête de Lancelot. »

Tout le monde est plutôt d'avis qu'on rejoigne d'abord la reine : c'est au roi d'ordonner la quête, si, comme on le croit, la traîtrise de son fils Méléagant, qui le hait, l'a fait ainsi mettre en prison. Où qu'il soit, si le roi l'apprend, il exigera qu'on le rende. D'ici là ils peuvent attendre.

Tous se rangèrent à cet avis, on se mit en route sur l'heure, on s'approche enfin de la cour, où étaient la reine, le roi, et le sénéchal Keu, ensemble, mais où était aussi le traître, cet homme plein de perfidie qui a jeté dans d'affreux troubles pour Lancelot tous ceux qui viennent. Ils se disent mortellement trahis et se lamentent, accablés.

Peu courtoise était la nouvelle qui apportait ce chagrin à la reine. Elle s'en accommode pourtant du mieux qu'elle peut, car elle doit pour monseigneur Gauvain manifester quelque joie. C'est ce qu'elle fait. Elle ne peut pourtant cacher si bien son chagrin qu'il n'y paraisse. Elle ne peut échapper ni au chagrin ni à la joie. Pour Lancelot, le cœur lui manque, mais devant monseigneur Gauvain elle paraît folle de joie.

En apprenant la nouvelle de la disparition de Lancelot, chacun est bouleversé. Le roi aurait eu une grande joie à la venue de monseigneur Gauvain, un grand plaisir à faire sa connaissance, mais le voilà morne et prostré de douleur, le cœur lourd de savoir Lancelot trahi. La reine cependant le presse, en insistant, pour qu'il le fasse chercher sans perdre un seul instant d'un bout à l'autre de sa terre. Alors monseigneur Gauvain, Keu, et tous les autres sans exception, l'en prient instamment eux aussi.

« Laissez-moi donc seul m'en charger, dit le roi, et n'en parlez plus. Voici longtemps que j'y suis prêt. Je saurai bien faire mener, sans qu'on m'en prie, cette recherche. »

Chacun s'incline devant lui, et le roi envoie aussitôt ses messagers par le royaume, d'habiles serviteurs, connus de tous. Ils ont, à travers le pays, demandé de ses nouvelles, ils se sont enquis partout, mais sans rien apprendre de sûr. N'ayant rien trouvé, ils reviennent là où les attendent les chevaliers, Gauvain et Keu et tous les autres, qui se disent prêts à partir en armes, lance en arrêt, à sa recherche, sans plus envoyer personne à leur place.

Un jour, comme ils sortaient de table et qu'ils étaient tous dans la salle en train de s'armer, car il le fallait désormais et il n'y avait plus qu'à partir, un jeune homme fit son entrée : il passa à travers leurs rangs pour s'arrêter devant la reine. Elle avait bien perdu son teint de rose, car elle avait un tel chagrin d'être sans nouvelles de Lancelot que ses couleurs s'en étaient altérées. Le jeune homme l'a saluée puis il salue le roi près d'elle, puis Keu et monseigneur Gauvain, ainsi que tous ceux qui restaient. Il tenait une lettre à la main, qu'il tend au roi, lequel la prend et la fait lire à haute voix par quelqu'un qui sait le faire sans faute[1]. Le lecteur sut bien leur dire ce qu'il vit écrit sur le

---

1. Au Moyen Âge, peu de gens savaient lire, cette pratique était réservée aux clercs.

parchemin, d'abord que Lancelot salue le roi comme son bon seigneur, qu'il le remercie de l'honneur qu'il lui a fait et de ses bienfaits, en se mettant lui-même entièrement pour toute chose à son commandement. Qu'on sache aussi en toute certitude qu'il est avec le roi Arthur, en parfaite santé, plein de vigueur, et qu'il mande à la reine de s'y rendre, si elle y consent, et que monseigneur Gauvain et Keu l'accompagnent. La lettre offrait aussi de quoi bien l'identifier. On y crut, et on fut rempli d'allégresse.

La cour est toute bruyante de joie. On se dit prêt à s'en aller le lendemain, au point du jour. Et sitôt le matin venu, ils font tous leurs préparatifs. Les voici levés, en selle et en route, sous la conduite du roi qui les suit dans un joyeux climat de fête sur un long bout de leur chemin. Jusqu'au sortir de sa terre il les accompagne. Une fois franchie la limite, il fait ses adieux à la reine, puis aux autres sans exception, et la reine en prenant congé le remercie courtoisement pour tout le soin qu'il a pris d'elle. Lui mettant les deux bras autour du cou, elle lui propose ses bons offices ainsi que ceux du roi son époux. Elle ne peut pas promettre mieux. Monseigneur Gauvain s'oblige envers lui comme envers un seigneur et un ami. Keu, puis les autres font de même. Sur ce, on se remet en route. Le roi les recommande à Dieu et il les salue tous les trois, puis les autres, et s'en retourne.

La reine, de toute la semaine, ne s'est attardée nulle part, non plus qu'aucun de ceux qu'elle emmène. Enfin parvient à la cour la nouvelle de l'arrivée prochaine de la reine, ce qui enchanta le roi Arthur. Mais c'est aussi pour son neveu que son cœur ressent tant de joie, à la pensée que sa prouesse lui vaut le retour de la reine, de Keu et du reste des gens. Mais il en va tout autrement. La cité s'est vidée pour eux, tous se portent à leur rencontre. Chacun, qu'il soit noble ou manant, dit, en arrivant devant eux :

« Bienvenue à monseigneur Gauvain, qui nous a ramené la reine et rendu tant de prisonniers et tant de dames exilées ! »

Mais Gauvain leur a répondu :

« Seigneurs, cet éloge n'est p[...]
donnez plus cette peine : je n'y ai[...]
neur qu'on me rend me fait hon[...]
temps, j'ai échoué par ma lenteur. C[...]
au rendez-vous, et qui en reçut plus de glo[...]
jamais chevalier.

– Où est-il donc, très cher seigneur, quand ici même[...]
ne le voit ?

– Où ? s'étonne aussitôt Gauvain, mais à la cour de
monseigneur le roi ! N'y est-il donc pas ?

– Non, pour sûr, ni non plus dans tout le pays. Depuis
que madame la reine fut emmenée, nous n'avons pas eu
de nouvelles de lui. »

Gauvain a maintenant compris que la lettre était un
mensonge qui les avait tous abusés. Ils ont été dupes de la
lettre. De nouveau la douleur les gagne ; leur deuil est
manifeste en venant à la cour et le roi cherche tout de
suite à savoir ce qui s'est passé. Il trouva sans peine qui
sût lui dire l'œuvre accomplie par Lancelot, comment
reviennent grâce à lui la reine et tous les prisonniers,
comment, par quelle trahison le nain le leur avait sous-
trait. Cette chose déplaît au roi et lui cause un très grand
tourment, mais son cœur est si transporté de joie à cause
de la reine que la joie efface le deuil. Quand il a la personne qu'il désire le plus, il se soucie bien peu du reste.

Mais tandis que la reine était loin du pays, je crois
savoir qu'on avait tenu un conseil entre les dames et les
demoiselles qui étaient privées d'aide et qui avaient
l'intention déclarée de se marier prochainement. À cette
réunion on décida d'organiser un grand tournoi que tien-
drait la dame du Pis contre celle de Pomeglas. Ceux qui
se montreront les pires ne mériteront plus qu'on parle
d'eux, mais ceux qui seront les meilleurs auront leur
amour, disent-elles. Le tournoi sera proclamé partout dans
les pays voisins comme dans les terres lointaines. On
annonça pour le jour du combat une date très éloignée
afin qu'il y eût le plus de monde possible.

Or la reine revint avant le terme qu'on avait fixé. Aussitôt qu'elles ont appris que la reine était arrivée, elles ont,

a plupart, pris la route pour se rendre jusqu'à la cour
ent le roi et l'ont pressé vivement de leur accorder un
n conforme à leurs désirs[1]. Et le roi les a assurées, avant
e savoir ce qu'elles voulaient, qu'il répondrait à tous
leurs souhaits. C'était, comme elles le lui dirent, de bien
vouloir laisser la reine venir assister au tournoi. Et lui, qui
n'aimait pas refuser, l'accepte, si elle y consent. Celles-ci
en sont tout heureuses et elles vont trouver la reine. Et de
lui dire sur-le-champ :

« Madame, n'allez pas reprendre ce que le roi nous a
donné !

– Qu'est-ce donc ? Dites-moi tout ! » leur a-t-elle alors
demandé.

« Si vous voulez, lui disent-elles, assister à notre
tournoi, il ne veut pas vous retenir et il n'y contredira
pas. »

Elle a dit qu'elle s'y rendra, du moment qu'il le lui
permet. Par tout le royaume aussitôt, en envoyant des
messagers, les demoiselles font savoir qu'au jour annoncé
du combat elles amèneraient la reine. La nouvelle est allée
partout, au loin, tout près, et çà et là. Elle est même, au
bout de sa route, allée se répandre au royaume d'où nul
ne revenait jamais avant ce jour qui a vu chacun y entrer
et en sortir à son gré, sans qu'on y fît défense aucune[2]. La
nouvelle, dite et redite d'un bout à l'autre du pays, arriva
chez un sénéchal[3] du déloyal Méléagant, ce maudit traître,
que le diable l'emporte ! Il avait Lancelot en garde : chez
lui l'avait mis en prison Méléagant, son ennemi, qui le
haïssait d'une telle haine. Lancelot eut donc connaissance
du tournoi et du jour fixé. Depuis, les yeux toujours en
larmes, il eut le cœur constamment triste. Quand la dame
de ce logis le vit à ses tristes pensées, elle le prit à part
pour lui parler :

« Pour Dieu, monseigneur, pour votre âme, dites-moi
sans mentir, fait-elle, pourquoi vous êtes si changé. Vous

---

1. Voir note 2, p. 22. 2. Il s'agit du royaume de Gorre, libéré par
Lancelot, et dans lequel, ironie du sort, le chevalier se retrouve prisonnier
et enfermé dans une tour par Méléagant. 3. *Sénéchal :* voir note 3, p. 20.

ne buvez ni ne mangez, je ne vous vois plus vous distraire
ou rire. Dites-moi en toute confiance le souci qui vous
préoccupe.

– Ah ! madame, si je suis triste, au nom du ciel, qu'y
a-t-il là d'étrange ? Je suis bien trop désemparé de ne
pouvoir être présent là où sera réuni tout bien en ce
monde, à ce tournoi où se rassemble le peuple et où la
terre tremble[1]. Et cependant, s'il vous plaisait, avec cette
bonté que Dieu a mise en vous, de me permettre d'y aller,
vous auriez l'entière assurance que j'aurais pour seule
règle de conduite de revenir ici même en prison.

– Je le ferais vraiment, dit-elle, très volontiers, si je ne
voyais là ma ruine et ma mort tout ensemble. Je crains si
fortement mon maître, Méléagant, si mauvais par nature,
que je n'oserais pas le faire : il en tuerait mon mari. Si je
le crains, pourquoi s'en étonner ? Vous savez bien sa
cruauté.

– Madame, si vous avez peur qu'aussitôt après le
combat je ne retourne pas dans votre prison, je suis prêt à
vous faire le serment dont je ne veux être parjure : qu'il
n'est rien qui me retiendra de revenir ici en prisonnier
aussitôt après le tournoi.

– Eh bien ! lui dit-elle, j'y consens, à une condition.

– Et laquelle, madame ?

– Que vous me juriez, monseigneur, répond-elle, de
revenir, et me garantissiez de plus que votre amour sera
pour moi.

– Tout celui dont je dispose, madame, je vous le donne
à mon retour.

– Autant dire que je n'ai rien ! fait la dame tout en
riant. Vous avez, à ma connaissance, donné et recommandé à autrui l'amour dont je vous ai prié. Je ne
dédaigne pourtant pas d'en prendre le peu que je puis
avoir, et m'en tiendrai à ce qui est possible. Mais vous me
ferez le serment que vous vous conduirez en sorte de
revenir ici même en prison. »

---

1. La terre tremble à cause du fracas des armes et du nombre des
chevaliers qui se rassemblent en cet endroit.

Lancelot lui prête ainsi qu'elle veut le serment sur la sainte Église de revenir sans faute, et la dame aussitôt lui donne les armes vermeilles de son mari et son cheval, qui était beau à merveille, puissant et ardent. Il est en selle, il est parti, revêtu de ces belles armes qui avaient tout l'éclat du neuf. Il est enfin venu au Pis et s'est tenu de ce côté, tout en logeant hors de la ville. Vit-on jamais homme si vaillant en pareil endroit ? C'était tout exigu et bas. Mais il ne voulait pas se loger là où on le reconnaîtrait. Nombre de chevaliers d'élite s'étaient rassemblés au château, mais dehors ils étaient bien plus, car il y en avait tant qui vinrent pour la reine qu'un bon cinquième ne put trouver d'habitation : pour un de venu, en voici bien sept dont aucun n'eût été présent si ce n'était pour voir la reine. À cinq bonnes lieues à la ronde les seigneurs s'étaient installés dans des tentes et dans des huttes. C'était merveille que de voir autant de dames, de demoiselles gracieuses.

Lancelot avait posé son écu dehors à la porte de son logis. Afin de se mettre à son aise, il s'était désarmé et allongé sur un lit très peu à son goût, étroit, mince de matelas, couvert d'un grossier drap de chanvre. Lancelot, ses armes ôtées, s'était donc couché sur ce lit, dont l'état était misérable. Mais voici qu'arrive un vaurien, un héraut d'armes en simple chemise, qui avait mis en gage à la taverne sa tunique avec ses chaussures[1]. Il s'en venait nu-pieds en toute hâte, dans le vent et sans son manteau. Il a vu l'écu devant, à la porte, et l'a regardé, sans le reconnaître ni deviner à qui il était. Il ignore qui pouvait le porter. Cependant l'entrée est ouverte, il pénètre et voit sur le lit Lancelot, qu'au premier coup d'œil il reconnut, en se signant. Lancelot lui a signifié qu'il lui faudrait rester muet à son sujet, où qu'il aille, car s'il disait qu'il l'avait vu, il vaudrait bien mieux pour lui s'être arraché les yeux ou brisé le cou.

« Monseigneur, répond-il, pour vous j'ai eu et j'ai

---

1. *Héraut d'armes :* sa fonction est de s'occuper de l'organisation des tournois, il les annonce et tient un registre des participants ; *tunique :* voir note 1, p. 106.

toujours beaucoup d'estime. Aussi longtemps que je vivrai, je ne ferai à aucun prix chose qui me vaille votre colère. »

D'un bond il sort de la maison, et s'en va crier à tue-tête :

« Voici venu celui qui en prendra la mesure ! Voici venu celui qui en prendra la mesure ! »

Ce diable allait le crier de partout. De tous côtés, les gens sortent, lui demandant ce qu'il crie. Il n'a pas l'audace de le dire, se contentant de répéter ces mots qui furent dits alors pour la première fois :

« Voici venu celui qui en prendra la mesure ! »

Ce héraut fut pour nous un maître : il nous apprit cette façon de dire, l'expression est venue de lui.

Les groupes se sont rassemblés, la reine avec toutes les dames, des chevaliers, d'autres personnes encore : sergents, piétaille étaient en foule partout, à droite comme à gauche. Au lieu prévu pour le tournoi on avait installé de hautes tribunes en bois où devaient se tenir la reine, les dames et les demoiselles. On n'a jamais vu plus belle série de loges[1], aussi longues, aussi bien faites. C'est là que sont venues les dames au grand complet après la reine, dans leur désir d'assister au tournoi et de voir qui fera le meilleur, qui le pis. Les chevaliers viennent par groupes de dix ou de vingt ou de trente, quatre-vingts ici, là quatre-vingt-dix, ou cent ou davantage ou deux fois plus. Si grand est leur rassemblement devant les loges et autour que la mêlée peut s'engager. Avec ou sans armes, les voici en présence. Les lances font croire à une forêt : on en avait tant apporté sur l'ordre de ceux qui veulent s'y exercer, qu'on ne voyait rien d'autre qu'elles, avec leurs gonfanons et leurs bannières[2]. Les jouteurs s'élancent pour la joute et ils trouvent de nombreux concurrents

---

1. *Loges* : tribunes en bois. **2.** Les *gonfanons* et les *bannières* désignent la même chose, c'est-à-dire un étendard qui sert à rallier les hommes d'armes autour de leur chef. Le gonfanon comme la bannière était fait d'un morceau d'étoffe quadrangulaire ou terminé par des pointes, il était attaché à une hampe (long manche de bois) de lance et on l'enroulait autour lorsque l'on ne combattait pas.

venus pour jouter. Les autres se préparaient à leur tour pour accomplir d'autres exploits. Ainsi se couvrent les prairies, les labours et les jachères de chevaliers en si grand nombre qu'on ne saurait le calculer.

Pourtant Lancelot fut absent de cette première rencontre. Mais dès qu'il vint à travers la prairie, le héraut, en l'apercevant, ne put s'empêcher de crier :

« Voici celui qui en prendra la mesure ! Voici celui qui en prendra la mesure ! »

Qui est-ce ? lui demande-t-on, mais il ne veut en dire plus.

Lancelot est entré dans la mêlée, il en vaut à lui seul vingt des meilleurs, et il commence par de tels faits d'armes qu'on ne peut détacher les yeux de lui, où qu'il se trouve. Il y avait dans le camp de Pomeglas un chevalier plein de vaillance, monté sur un cheval fougueux, plus rapide qu'un cerf de lande. C'était le fils du roi d'Irlande, qui accomplissait des prouesses. Mais le chevalier inconnu plaisait à tous quatre fois plus et tous s'inquiétaient de savoir :

« Qui est-il donc pour être si vaillant ? »

Alors la reine prend à part une demoiselle fine et avertie et lui dit :

« Mademoiselle, il vous faut exécuter un message au plus vite, qui tient en de brèves paroles. Descendez au pied de ces loges et allez-moi jusqu'à ce chevalier qui porte cet écu vermeil. Vous lui direz, sans qu'on entende, que de moi vient cet ordre : au pis ! »

Celle-ci est adroite et prompte à faire ce que veut la reine. Elle s'est mise après le chevalier. Venant enfin tout contre lui, elle lui glisse avec adresse, loin de toute oreille indiscrète :

« Monseigneur, madame la reine vous mande ceci par ma bouche : que ce soit au pis ! »

À ces mots, il lui répond : oui, de grand cœur ! en homme qui est tout entier à la reine. Il se porte alors contre un chevalier de tout l'élan de son cheval, et, maladroit, manque son coup. Depuis ce moment jusqu'à la tombée du soir il fit tout du pis qu'il pouvait, puisqu'ainsi

le voulait la reine. Mais l'autre, en lançant son attaque, ne
se fit pas faute de l'atteindre, le coup est violent, dur et
appuyé. Lui-même prend alors la fuite, et de tout ce jour
il ne tourna plus vers aucun chevalier le col de sa monture. Dût-il mourir, il n'eût rien fait qui ne le couvrît, à ses
yeux, le plus indignement de honte. Il montre des signes
de peur devant tous ceux qui viennent à passer. Les chevaliers se rient de lui, et ils en font des gorges chaudes,
eux qui l'admiraient au début. Quant au héraut qui aimait
répéter :

« L'un après l'autre, tous il les vaincra », le voici morne
et consterné devant les injures moqueuses de ceux qui
disent :

« Plus un mot, l'ami ! Ton homme n'en prendra pas la
mesure : il a si bien tout mesuré à son aune qu'elle est
brisée, l'aune que tu vantais[1] ! »

« Que penser ? se demandent la plupart. Il était tout à
l'heure si vaillant et le voici devenu si poltron qu'il n'ose
attendre un seul des chevaliers. Peut-être doit-il son premier exploit à son ignorance des armes. Aussi s'est-il
d'entrée montré si fort que ne pouvait lui résister aucun
chevalier, même d'expérience, car il frappait comme un
dément. Il a maintenant appris le métier au point de ne
plus jamais de sa vie avoir le désir de porter les armes. Il
n'a plus le cœur à l'ouvrage, il n'y a si poltron au
monde. »

Et la reine, attentive à regarder, s'en est vivement
réjouie, car elle sait, se gardant d'en rien dire, qu'il s'agit
bien de Lancelot. Ainsi il s'est fait passer pour un lâche
tout le jour jusqu'au soir. Vêpres passées[2], on se sépare.
S'élève alors un grand débat pour savoir lesquels
l'avaient emporté. Le fils du roi d'Irlande pense que lui
revient sans conteste possible toute la gloire du tournoi.
Mais il se trompe lourdement, car plus d'un l'avait égalé.

---

1. L'*aune* est une ancienne mesure de longueur (environ 1,20 m),
mais ici le terme est employé dans un sens figuré : le meilleur chevalier
doit servir de référence, d'étalon pour juger de la vaillance de tous les
autres. **2.** *Vêpres* : voir note 3, p. 33.

Le chevalier vermeil lui-même sut plaire aux dames et aux jeunes filles, aux plus gracieuses et aux plus belles d'entre elles, au point qu'il les a fait rêver plus qu'aucun autre, ce jour-là, car on avait bien vu comment il s'était conduit tout d'abord, sa vaillance et sa hardiesse, avant de se changer en lâche sans plus attendre un seul des chevaliers, si bien que le pire d'entre eux l'aurait, s'il eût voulu, renversé et fait prisonnier.

Mais tout le monde trouva bon de revenir le lendemain sans faute au tournoi, afin que soient pris pour maris par les demoiselles ceux auxquels reviendrait l'honneur de la journée. Tel est bien en effet leur dessein. Sur ce chacun regagne son logis. Mais une fois qu'ils sont rentrés, il s'est trouvé un peu partout des gens pour commencer à dire :

« Mais où est donc passé le pire des chevaliers, ce bon à rien ? Où est-il allé se cacher ? Où le trouver ? Où le chercher ? Peut-être ne va-t-on plus le revoir, car Lâcheté l'a mis en fuite. Elle pèse tant sur ses bras qu'il n'y a pas plus lâche en ce monde. Mais a-t-il tort ? Il est cent mille fois plus confortable d'être un lâche que d'être un preux, un vrai guerrier. Lâcheté a la vie facile, aussi lui a-t-il donné un baiser de paix et reçu d'elle tous ses biens. Jamais en vérité Prouesse ne s'avilit au point de se loger chez lui ou de venir s'asseoir à ses côtés. Mais chez lui s'est réfugiée tout entière Lâcheté, laquelle a trouvé un hôte à sa dévotion et à son service, qui pour lui faire honneur se déshonore. »

Ils passent ainsi la nuit à se moquer, ces médisants, qui s'en étranglent. Mais tel souvent médit d'autrui qui est pire en fait que celui qu'il blâme et qu'il méprise. Chacun en dit ce qui lui plaît. Et de nouveau, au point du jour, tout le monde était fin prêt et l'on s'en revint au tournoi. Revoici la reine aux tribunes avec les dames et les jeunes filles, accompagnées de nombreux chevaliers qui se trouvaient là sans leurs armes, car ils s'étaient croisés[1] ou

----

1. Les chevaliers qui devaient partir pour la croisade ne devaient pas participer aux tournois, activité théoriquement condamnée par l'Église.

constitués prisonniers. Ceux-ci leur décrivent les armes des chevaliers qu'ils estiment le plus :

« Là, voyez-vous, se lancent-ils, ce chevalier avec l'écu qui porte à une bande d'or ? C'est Governal de Roberdic. Et voyez-vous après celui qui sur son écu côte à côte porte à une aigle et un dragon ? C'est le fils du roi d'Aragon : il est venu dans ce pays pour conquérir estime et gloire. Et son voisin, le voyez-vous, celui qui part au galop et joute si bien, à l'écu parti de sinople[1], à un léopard sur le sinople, et d'azur sur l'autre moitié ? C'est Ignauré le désiré et l'amoureux, celui qui plaît. Et cet autre qui, sur l'écu, porte à deux faisans bec à bec ? C'est Coguillant de Mautirec. Et à côté, voyez-vous ces deux-là, sur leurs chevaux gris pommelés, qui portent d'or aux lions gris-bruns ? L'un a pour nom Sémiramis et l'autre, c'est son compagnon : ce sont les mêmes armoiries que l'on voit peintes. Remarquez-vous celui qui meuble son écu d'une porte peinte, d'où l'on croit voir sortir un cerf ? Sur ma parole, c'est le roi Yder. »

Ils détaillent ainsi ce qu'ils voient d'en haut :

« Cet écu fut fait à Limoges, d'où Pilade l'a rapporté : il n'a que le combat en tête, c'est là son plus ardent désir. Cet autre provient de Toulouse, le lorain aussi, et le poitrail[2], c'est Keu d'Estraus qui les rapporta. Et celui-là sort de Lyon sur le Rhône, il n'y en a pas de meilleur sous le ciel. Pour avoir su le mériter, Taulas de la Déserte l'a reçu. Il sait bien le porter et s'en couvrir. En voici un autre dont l'œuvre est anglaise : il fut fait à Londres. Vous y voyez deux hirondelles, qu'on dirait prêtes à l'envol,

---

1. Les personnages cités par le conteur n'ont pas tous une grande renommée ; ils figurent ici parce que l'auteur se plaît à énumérer les participants au tournoi et à décrire leur écu. *Sinople* : l'un des émaux héraldiques, désignant de nos jours la couleur verte. Le terme est employé ici au sens moderne, pour traduire le mot *vert*. Jusqu'à la 2ᵉ moitié du XIVᵉ siècle, il a servi à désigner la couleur rouge (voir à ce sujet, M. Pastoureau, *Traité d'héraldique*, Paris, Picard, p. 103 et p. 200). 2. *Lorain* : courroie de cuir façonnée qui sert à maintenir la selle du cheval ; *poitrail* : pièce du harnais du cheval qui sert à protéger le poitrail de l'animal.

immobiles pourtant, offertes à tous les coups des aciers poitevins. Il est porté par le jeune Thoas. »

C'est ainsi qu'ils dépeignent avec soin les armes de ceux qu'ils connaissent. Mais pas la moindre trace de celui qu'ils avaient tenu en un tel mépris ! Il s'est esquivé, pensent-ils, en le voyant absent de la mêlée. Ne l'apercevant pas, la reine eut envie d'envoyer quelqu'un pour le chercher dans les rangs et le trouver, et elle ne voit pas qui d'autre s'en acquitterait mieux que celle qui, pour elle, y alla la veille. Elle l'appelle sur-le-champ et lui dit :

« Allez donc monter sur votre palefroi, mademoiselle ! Je vous envoie au chevalier d'hier, cherchez-le, trouvez-le enfin, et n'y mettez aucun retard ! Redites-lui ceci sans plus : qu'il fasse encore au pis ! Après le lui avoir enjoint, écoutez bien ce qu'il répond. »

Celle-ci ne s'attarde pas. Elle avait bien noté la veille de quel côté il partirait, car elle avait la certitude qu'on l'enverrait encore à lui. Elle se dirige à travers les rangs et trouve enfin le chevalier. Aussitôt elle va tout bas lui dire qu'il fasse de nouveau au pis, s'il veut avoir les bonnes grâces de la reine, qui le lui mande. Et lui, puisque c'est elle qui l'ordonne, de répondre :

« Qu'elle en soit remerciée ! »

Elle est repartie tout de suite. Voici que des huées s'élèvent : hommes de troupe, écuyers, jeunes gens, se sont tous écriés :

« Merveille ! voilà l'homme aux armes vermeilles ! Il est de retour, mais pourquoi ? Il n'y a pas d'être au monde aussi vil, aussi méprisable et déchu. C'est Lâcheté qui le gouverne, il ne peut rien faire contre elle. »

La demoiselle s'en retourne, elle est allée jusqu'à la reine, qui ne lui a pas laissé de répit avant d'entendre la réponse qui lui a réjoui le cœur, parce qu'elle est sûre à présent que c'est lui, à qui elle est toute et qui sans faute est tout à elle. Et elle demande à la jeune fille de repartir vite en arrière lui dire qu'il fasse du mieux qu'il peut : c'est là sa prière et son ordre. Celle-ci répond qu'elle ira tout de suite, sans s'attarder. Elle est redescendue des loges rejoindre son valet qui l'attendait en lui gardant son

palefroi[1]. Elle se met en selle et va, sans s'ar...
le chevalier. Et de lui dire sur-le-champ :

« Monseigneur, ma dame vous mande cette ...
soit du mieux que vous le pourrez.

— Vous lui direz, lui répond-il, que rien ne peut m'être
pénible à faire, si cela lui plaît, car sa volonté fait tout
mon désir. »

Elle, alors, n'a pas été longue à venir porter ce message, se doutant bien qu'il ravirait de bonheur le cœur de
la reine. Elle est allée au plus droit qu'elle a pu dans la
direction des tribunes. Aussitôt la reine s'est levée pour
s'avancer à sa rencontre, sans aller pourtant jusqu'en bas.
Elle préfère attendre en haut des marches, tandis que vient
celle qui sait bien s'acquitter d'un message agréable. La
voici qui monte les marches et qui est venue jusqu'à elle :

« Je n'ai jamais vu, madame, dit-elle, un chevalier
d'aussi grand cœur, car sa volonté est si absolue de faire
tout ce que vous commandez qu'à vous dire la vérité, il
reçoit du même visage le bien comme le mal.

— Ma foi, dit-elle, c'est possible. »

Elle revient alors devant la baie pour regarder les chevaliers. Lancelot ne veut plus attendre : il saisit l'écu par
les brides, brûlant du désir le plus vif de faire éclater sa
prouesse. Puis, guidant la tête de son cheval, il l'a lancé à
fond entre deux rangs. Ils en resteront bientôt stupéfaits,
tous ceux à qui il a donné le change et qui se sont moqués
de lui toute une part du jour et de la nuit : il ne les a que
trop longtemps amusés, à leur grande joie !

Tenant son écu embrassé par les poignées, le fils du roi
d'Irlande s'est lancé d'en face, à bride abattue, contre lui.
Mais leur heurt à tous deux est tel que pour le fils du roi
d'Irlande l'envie de la joute est passée : sa lance se brise
en morceaux, car il n'a pas frappé sur de la mousse, mais
sur des lattes d'un bois dur et sec. Dans cette joute Lancelot lui a appris un maître coup, en lui plaquant l'écu
contre le bras, puis le bras contre le côté pour l'envoyer
rouler à terre. Des chevaliers partent en flèche des deux

---

1. *Palefroi :* voir note 1, p. 23.

camps, à coups d'éperon, les uns pour le sortir de là, les autres pour y faire obstacle. Les premiers comptent aider leur seigneur : pour la plupart, ils vident les arçons au beau milieu de la mêlée.

Mais de toute cette journée Gauvain n'a pris part au combat, bien qu'il fût là, avec les autres : il avait un si grand plaisir à voir les prouesses qu'accomplissait le chevalier aux armes rouges que venait s'éteindre à ses yeux tout l'éclat de celles des autres. Elles disparaissaient devant les siennes. Le héraut s'en trouve ragaillardi, et tous de l'entendre crier :

« Voici celui qui en prendra la mesure ! Vous allez voir ce qu'il va faire, aujourd'hui éclatera sa prouesse. »

Et le chevalier dirige autre part son cheval, courant à l'attaque d'un adversaire élégamment vêtu. Le coup est si fort qu'il l'envoie au sol à cent pieds, voire plus, de son cheval[1]. Il se montre ensuite si bon à l'épée tout comme à la lance que tous ceux qui assistaient sans combattre sont à la fête en le voyant. Même parmi les combattants, plus d'un y prend un vif plaisir, car c'est un vrai régal de voir comment il renverse par terre chevaux et chevaliers ensemble. Ils sont très peu, quand vient le choc, à demeurer encore en selle. Et puis il donne à qui les veut tous les chevaux qu'il a gagnés. Et tous les moqueurs de la veille de s'écrier :

« C'est notre mort et notre honte ! Nous avons eu le plus grand tort de le dénigrer et de l'humilier. Il en vaut à lui seul bien mille de ceux qu'on voit sur ce champ de bataille. Il a vaincu et surpassé tous les chevaliers de ce monde. Aucun ne peut se comparer à lui. »

Mais les demoiselles disaient, tout en ouvrant des yeux émerveillés, qu'il leur ôte tout espoir de mariage, car elles n'osaient pas se fier à leur beauté, à leur richesse ou aux privilèges de leur naissance au point d'en obtenir qu'il daigne pour son charme ou son bien épouser l'une

---

1. *Cent pieds* équivalent à environ 32 m. Cette expression est hyperbolique, elle signifie que Lancelot fait voler son adversaire très loin de son cheval.

d'elles : c'était un chevalier de trop haute valeur. Mais voici cependant le vœu qu'elles ont presque toutes formulé : sans mariage avec celui-ci, pas de mariage dans l'année ! Pas d'autre mari d'ici là ! Cependant, la reine, lorsqu'elle entend de quels espoirs elles se flattent, en a ri au fond d'elle-même. Se verrait-il offrir là, devant lui, tout l'or de l'Arabie, elle sait bien qu'il ne prendrait pas pour autant la meilleure, la plus belle et la plus gracieuse parmi toutes celles qui n'ont d'yeux que pour lui. Elles ont un seul et même désir, c'est de l'avoir chacune à soi, elles se jalousent l'une l'autre comme s'il était déjà leur mari. N'est-il pas d'une telle adresse qu'à le voir, elles sont d'avis, tant il leur plaît, que personne ne saurait faire autant d'armes que lui ? Pour ses hauts faits, au moment de se séparer, on a dit sans mentir dans les deux camps qu'il avait été sans pareil, le chevalier à l'écu vermeil. Tous l'ont affirmé. C'était vrai.

Mais son écu, au moment du départ, il l'a laissé tomber parmi la foule, là où il l'a vue la plus dense, ainsi que sa lance et la housse du cheval[1]. Puis il s'éloigne à grande allure. Il a si bien su cacher son départ que nul ne s'en est aperçu, dans toute l'assemblée réunie là. Le voici qui s'est mis en route. Il s'est hâté d'aller tout droit du côté d'où il était venu, pour s'acquitter de son serment. Au moment de se séparer, tous le cherchent et le réclament, sans le trouver, car il s'enfuit, il ne tient pas à être reconnu. Que de trouble et que de tristesse parmi les chevaliers, qui, avec joie, l'auraient fêté, s'ils l'avaient eu ! Mais s'ils ont été contrariés d'avoir été laissés ainsi, les demoiselles bien plus qu'eux, en l'apprenant, furent chagrines, et ont dit que, par saint Jean, de l'année elles ne se marieront ! Faute de celui qu'elles aiment, les autres en sont tenus pour quittes ! Le tournoi se termine ainsi sans qu'aucune ait pris de mari.

---

1. *Écu* : voir note 1, p. 25 ; *housse du cheval* : habillement d'étoffe du cheval de guerre. Cette housse servait à empêcher que le cheval soit blessé aux jambes, au cou et au poitrail. Afin de ne pas gêner la marche du cheval, la housse était fendue par-devant à la hauteur du cou et tombait en deux pans latéralement.

Lancelot ne s'attarde pas, mais revient vite à sa prison. Or le sénéchal arriva deux ou trois jours plus tôt que lui. Il demanda où il était et la dame qui lui avait fait don de ses armes vermeilles, en parfait état et si belles, de son cheval et du harnais, a dit au sénéchal la vérité et comment elle l'envoya à la compétition du Pis, là où le tournoi a eu lieu.

« Ah ! madame, lui dit le sénéchal, vous ne pouviez pas faire pis ! Il m'en viendra, je crois, bien du malheur, car Méléagant, mon seigneur, me fera pis qu'il n'advient d'une épave[1] si j'avais dû faire naufrage. Ce sera ma mort et ma ruine dès qu'il en aura connaissance. Il sera sans pitié pour moi.

— Soyez sans crainte, cher seigneur, fait la dame, il est inutile de concevoir tant de frayeur. Rien ne peut le retenir loin d'ici, il m'a juré sur les reliques saintes qu'il reviendrait au plus tôt qu'il pourrait. »

Le sénéchal est aussitôt en selle, il va voir son seigneur et lui raconte toute l'affaire survenue. Mais le voici plus rassuré quand il apprend de lui comment sa femme reçut le serment qu'il reviendrait dans sa prison.

« Il ne se mettra pas en faute, dit Méléagant, j'en suis sûr. Je regrette pourtant beaucoup tout ce que votre femme a fait. Je n'aurais pas voulu, quoi qu'on pût me dire, qu'il se rendît à ce tournoi. Mais repartez donc maintenant et veillez, à son arrivée, à ce qu'il soit si bien gardé qu'il ne sorte plus de prison et qu'il ne soit pas libre de ses mouvements. Et hâtez-vous de m'avertir !

— Il en sera fait, dit le sénéchal, comme vous l'ordonnez. »

Et il s'en va.

---

1. Il s'agit du *lagan* ou « droit d'épave » qui autorisait le seigneur du pays à se saisir de tout ce qui échouait sur les côtes ; le sénéchal emploie ici cette image pour montrer la toute-puissance et la cruauté de Méléagant vis-à-vis de ses vassaux. Certains manuscrits, au lieu de *lagan*, donnent *jaianz* (géant), ce qui ne change en rien le sens profond du texte : Méléagant, cruel comme un géant, se vengera du sénéchal et de sa femme, s'il apprend que cette dernière a laissé partir Lancelot.

Il a trouvé Lancelot de retour, qui se tenait prisonnier à
sa cour. Un messager est reparti, envoyé par le sénéchal
tout droit à Méléagant, pour lui dire que Lancelot est
rentré. Dès qu'il l'apprend, il réunit maçons et char-
pentiers, lesquels ont dû, bon gré mal gré, faire ce qu'il
leur commanda. Il fit venir les meilleurs du pays et leur a
dit de lui bâtir une tour et de faire effort pour la terminer
au plus vite. Le long de la mer en fut prise la pierre, car,
près de Gorre, au voisinage, s'étend un large bras de mer.
En son milieu était une île bien connue de Méléagant.
C'est là qu'il fit prendre la pierre et le madrier[1] pour bâtir
la tour. En moins de cinquante-sept jours la tour était
parachevée, bien fortifiée, les murs épais, de larges
dimensions. Une fois qu'elle fut construite, il fit amener
Lancelot de nuit, et il le mit dedans. Il donna l'ordre de
murer les portes et força tous les maçons à jurer que, de
leur vie, ils ne diront jamais un mot sur cette tour. Il
voulait ainsi la garder secrète. Pas de porte ni d'ouverture,
sauf une petite fenêtre. Voilà où Lancelot dut vivre ! On
lui donnait de quoi manger, bien maigrement, en le pri-
vant, par cette petite fenêtre juste mentionnée à l'instant,
sur les ordres de ce traître et méchant personnage[2].

Ayant donc fait ce qu'il voulait, Méléagant se rend
ensuite droit à la cour du roi Arthur. Le voici déjà arrivé.
Sitôt qu'il fut devant le roi, sans retenue, gonflé d'orgueil,
il lui adresse ce discours :

« Roi, à ta cour et devant toi je dois, par un serment,
livrer bataille, mais je ne vois pas trace de Lancelot qui
s'y engagea contre moi. Néanmoins, ainsi que je le dois,
j'offre la bataille devant tous ceux que je vois présents ici
même. S'il est en ces lieux, qu'il s'avance et qu'il soit
prêt à me tenir parole dans un an jour pour jour à votre
cour. J'ignore si on vous a dit comment, dans quelles
circonstances, fut décidée cette bataille, mais j'aperçois

---

1. *Madrier* : bois de construction. 2. Selon ce que dit Godefroi de
Leigni à la fin du *Chevalier de la Charrette*, c'est à partir de ce
moment-là que Chrétien a abandonné l'histoire et que lui-même l'a
reprise.

ici des chevaliers qui ont été présents à nos accords et ils
pourraient vous renseigner s'ils avouaient la vérité. Mais
s'il prétend nier la chose, je le prouverai contre lui, sans
le secours d'autres services ! »

La reine qui était assise auprès du roi, l'attire à elle et
lui glisse ces premiers mots :

« Sire, connaissez-vous cet homme ? C'est Méléagant
qui me captura quand le sénéchal Keu m'avait en garde.
Que de honte et de mal il lui causa ! »

Et le roi lui a répondu :

« Madame, je l'ai bien compris, je sais parfaitement
que c'est lui qui tenait mon peuple en exil. »

La reine alors n'en parle plus, tandis que le roi s'est
tourné vers Méléagant pour lui dire :

« Ami, que Dieu m'en soit témoin, de Lancelot nous
n'avons pas de nouvelles et c'est notre tourment.

— Sire roi, fait Méléagant, Lancelot m'a bien dit qu'ici
sans faute je le trouverais. La sommation de la bataille ne
peut être faite qu'à votre cour. Je demande à tous les
seigneurs ici présents de m'en être témoins : d'ici un an
je l'en mets en demeure, en vertu des accords passés le
jour où la décision en fut prise. »

À ces mots monseigneur Gauvain s'est levé, car ce
qu'il entend lui a profondément déplu.

« Sire, dit-il, de Lancelot il n'y a pas trace en ce pays,
mais nous le ferons rechercher et, s'il plaît à Dieu, on le
trouvera avant que l'année ne s'achève, à moins qu'il ne
soit mort ou en prison. Mais s'il ne vient pas,
accordez-moi ce combat, je le remplacerai. Pour Lancelot
je porterai les armes au jour dit, s'il ne vient pas avant.

— Oh ! pour Dieu, dit Méléagant, mon très cher roi,
acceptez ! C'est son vœu, c'est aussi ma prière : je ne
connais de chevalier au monde, à l'exception de Lancelot,
avec qui je voudrais autant me mesurer. Soyez cependant
bien certain que si l'un de ces deux ne me combat, je
n'accepterais en échange personne sur qui me rabattre. »

Le roi a donné son accord, si Lancelot n'arrive à temps.
Sur ce, Méléagant les quitte et il s'éloigne de la cour. Il
n'a de cesse qu'il ne retrouve le roi Bademagu, son père.

Devant lui, comme pour montrer sa prouesse et son importance, il s'est composé un visage qui les a tous émerveillés.

Dans sa ville de Bade, ce jour-là, le roi tenait une cour très joyeuse : c'était le jour de son anniversaire. Aussi tenait-il cour plénière. Une foule de gens divers était venue, très nombreuse, avec lui, et dans la grande salle se pressaient les chevaliers et les demoiselles. Parmi elles s'en trouvait une, qui était la sœur de Méléagant et dont je vous dirai plus loin ce qu'à son propos j'ai en tête et pourquoi j'en ai fait mention. Je ferais tort à mon récit si, pour l'instant, j'en disais plus, je ne veux le rendre difforme, l'altérer ou lui faire violence, mais je veux qu'il suive un bon, un droit chemin. Pour le moment, je m'en tiens à ceci : Méléagant, après son arrivée, devant eux tous, petits et grands, a dit à son père d'une voix forte :

« Mon père, que Dieu ait votre âme ! Dites-moi, s'il vous plaît, la vérité : ne doit-il pas être rempli de joie, n'est-il pas de grande vaillance celui qui à la cour du roi Arthur est redouté grâce à ses armes ? »

Sans en entendre plus, son père a répondu à sa question :

« Mon fils, tous ceux qui ont quelque valeur doivent servir et honorer celui qui a un tel mérite, et vivre dans sa compagnie. »

En le flattant, il l'invite à ne plus cacher davantage la raison de ce rappel et à dire ce qu'il veut, ce qu'il cherche et d'où il vient.

« Sire, lui dit son fils Méléagant, je ne sais pas si vous vous souvenez des arrangements convenus en des termes bien confirmés, quand un accord fut trouvé par vos soins entre Lancelot et moi-même. Devant plusieurs témoins il nous fut dit, comme on l'envisagea, je crois, que nous devions être prêts à combattre au bout d'un an, tous les deux, à la cour d'Arthur. J'y suis allé en temps voulu, ayant pris les dispositions conformes à l'objet de ma venue. Je fis tout ce que je devais : je réclamai et cherchai Lancelot, mon adversaire en cette affaire, mais je n'ai pu le retrouver. Il s'est enfui bien loin. Mais je ne suis pas

reparti sans que Gauvain m'ait juré, si Lancelot n'est plus
en vie, ou s'il ne vient pas dans les délais, qu'on ne
repoussera pas la bataille, j'en ai sa parole formelle, et
qu'il s'en chargera lui-même, contre moi, à la place de
Lancelot. Arthur n'a pas de chevalier aussi prisé que lui,
c'est bien connu. Mais avant que les sureaux refleuris-
sent[1], je verrai bien, pour peu qu'on vienne aux prises, si
le renom s'accorde au fait. Ah ! je voudrais que ce fût
maintenant !

— Mon fils, dit le père, tu passes à bon droit ici pour un
fou. Qui n'en savait rien peut apprendre de ta bouche
maintenant ta folie. On dit vrai : cœur vaillant est humble,
mais l'homme égaré par l'orgueil sera toujours plein de
folie. En le disant, mon fils, je pense à toi, à tes mauvaises
qualités, à ton cœur sec et sans douceur, par trop fermé à
la pitié. Tu es enflammé de fureur, voilà pourquoi je te
méprise, et c'est ce qui te perdra. Si tu as quelque valeur,
des gens s'en porteront témoins sans faute, au moment où
il le faudra. Un homme de bien ne doit pas vanter sa
bravoure pour mieux relever son exploit : l'exploit se
suffit à lui-même. Tu n'augmentes pas ton renom de la
valeur d'une alouette à faire ton éloge et tu perds mon
estime. Je te fais la leçon, mon fils, mais à quoi bon ?
Parler à un fou, c'est peine perdue, on ne fait rien que
s'épuiser à vouloir guérir un fou de sa folie. Le bien qu'on
enseigne en toute clarté ne vaut rien s'il n'est mis en
œuvre, il s'envole et se perd tout aussitôt. »

Méléagant fut hors de lui et pris d'une rage violente.
Non, jamais aucun être humain, je peux vraiment vous
l'affirmer, ne se montra plus gonflé de colère qu'il n'était,
et dans sa fureur la paille fut rompue entre eux[2], car il a
perdu tout respect pour son père, en lui répondant :

« Parlez-vous en rêve ou délirez-vous, quand vous me

---

1. *Sureau :* arbre ou arbrisseau au bois très léger et aux fleurs odo-
rantes qui donne des fruits en grappes de boules rouges ou noires. La
légende rapporte que Judas se serait pendu à un sureau ; l'association du
sureau à Méléagant serait donc symbolique, le sureau représentant l'arbre
du traître. **2.** Métaphore signifiant que la rupture est désormais complète
entre Méléagant et son père.

traitez d'insensé, si je vous expose ma situation ? Je croyais bien venir à vous comme à mon père et à mon seigneur : vous n'en donnez pas l'apparence, vous m'insultez indignement, plus qu'il ne convient, je le pense. Vous ne pourriez même pas expliquer pourquoi vous avez commencé.

– Oh ! si, je le peux.

– Et pourquoi ?

– C'est que je ne vois rien en toi qui ne soit pas folie furieuse. Je connais le fond de ton cœur, il fera ton malheur. Et maudit soit qui en viendra à penser que Lancelot, si courtois, prisé de tous hormis de toi seul, se soit enfui par peur de toi ! Mais il est mort et enterré peut-être, ou si bien enfermé dans une prison à la porte close qu'il n'a pas la permission d'en sortir. Mais c'est une chose dont, à coup sûr, j'aurais une extrême douleur, s'il était mort ou en détresse. Ah ! quelle perte ce serait si un être aussi rayonnant de tant de beauté, de valeur et de grâce était trop tôt anéanti ! Mais plaise à Dieu que ce soit faux ! »

Bademagu se tait alors. Mais tout ce qu'il avait pu dire avait été bien entendu par une fille qu'il avait. C'était la demoiselle, apprenez-le, dont j'ai parlé un peu plus haut. Son cœur est triste en écoutant ce qu'on disait de Lancelot. On l'a mis, comprend-elle, dans un cachot, puisqu'on n'a vent ni trace de lui.

« Que je sois damnée, se dit-elle, si je prends jamais de repos avant d'en avoir obtenu des nouvelles sûres et vraies ! »

Aussitôt, sans tarder un instant de plus, sans parler ni faire de bruit, elle court monter sur une mule qui était fort belle et légère à la main. Mais quant à moi, je peux vous dire qu'elle ne sait pas en quittant la cour de quel côté se diriger. Ne sachant rien, ne s'enquérant de rien, elle prend le premier chemin qu'elle voit, et s'en va bon train, sans savoir où, à l'aventure, sans chevalier ni serviteur. Elle se hâte, dans le seul désir d'atteindre le but qu'elle poursuit. Que d'efforts et que d'entreprises ! Ce ne sera pas pour si tôt. Il ne faut pas qu'elle s'arrête ou s'attarde en un lieu longtemps, si elle veut mener à bien ce qu'elle s'est mis

en pensée de faire : tirer Lancelot de prison, après l'avoir
trouvé, si c'est possible. Mais je crois bien qu'elle devra
aller dans maints et maints pays pour les explorer en tous
sens, avant d'avoir de ses nouvelles. Mais à quoi bon vous
raconter ses haltes et ses longues étapes ? Elle a eu beau
faire tous les chemins, monter, descendre et remonter, un
mois ou plus s'est écoulé sans qu'elle en ait appris ni plus
ni moins que ce qu'elle savait, autant dire rien, d'un bout
à l'autre !

Un jour qu'en traversant un champ elle avançait triste
et pensive, elle aperçut au loin sur le rivage une tour, près
d'un bras de mer, mais à une lieu à la ronde on ne voyait
cabane ni maison. C'était bien l'œuvre de Méléagant, qui
dedans avait mis Lancelot, ce qu'elle ne savait pas. Mais
à peine l'eut-elle aperçue qu'elle y a fixé son regard sans
plus pouvoir l'en détourner. Son cœur lui garantit sans
faute qu'elle a trouvé ce qu'elle a tant cherché. Maintenant elle touche au terme : après l'avoir tant mise en
peine, Fortune enfin l'y a menée tout droit.

La jeune fille approche de la tour, elle finit par
l'atteindre. Elle la contourne en prêtant l'oreille avec
toute son attention, pour être bien sûre de ne pas manquer
d'entendre ce qui pourrait la mettre en joie. Elle regarde
au pied, puis fixe le sommet, elle voit que la tour est
haute, massive et forte, mais elle reste très surprise de n'y
voir de porte ni de fenêtre, excepté une, étroite et basse.
Cette tour si haute et bien droite n'avait ni escalier ni
échelle. C'est à dessein, elle en est sûre ; Lancelot doit
être dedans. Mais elle en aura le cœur net avant d'accepter
de manger, tant soit peu ! Elle avait son nom à la bouche,
elle veut crier « Lancelot », mais se retient en entendant,
pendant qu'elle faisait silence, une voix qui se lamentait
au sein de cette étrange tour fortifiée et qui n'appelait que
la mort. Il désire la mort, il veut mourir celui qui a ainsi
trop de tourments. Il ne faisait plus cas de soi ni de sa vie,
tout en disant faiblement à voix basse et rauque :

« Ah ! Fortune, comme ta roue a tourné pour moi de
façon cruelle ! Pour mon malheur, tout est mis à l'envers :
j'étais au sommet, je suis tout au bas, j'étais heureux, me

voici mal[1]. Tu pleures sur moi, mais avant tu me souriais.
Malheureux ! Pourquoi t'y fier, quand elle a tôt fait de
t'abandonner ? En peu de temps, je suis tombé par son fait
de si haut si bas. Fortune, en te jouant de moi, tu as mal
agi. Que t'importe ? Rien ne compte pour toi, quoi qu'il
arrive. Ah ! sainte Croix, ah ! Saint-Esprit ! C'est ma destruction, c'est ma perte, c'est mon anéantissement !

« Gauvain, vous dont le mérite est si grand, dont la
vaillance est sans égale, ne faut-il pas que je m'étonne que
vous ne m'ayez pas secouru ? Vraiment, vous avez trop
tardé, c'est un manque de courtoisie : celui que vous
aimiez autant aurait bien dû avoir votre aide. De ce côté
de la mer et de l'autre, oui, je le dis sans hésiter, dans les
lieux écartés, les plus secrets, partout je vous aurais
cherché sept années durant ou dix même, si je vous savais
en prison, avant de vous avoir trouvé. Mais à quoi bon
cette querelle ? Je ne compte pas assez à vos yeux pour
que vous preniez tant de peine. Comme dit le proverbe
avec raison[2], on a du mal à trouver un ami, et c'est dans
le besoin que l'on reconnaît l'ami véritable. Hélas ! cela
fait plus d'un an qu'on m'a mis en prison dans cette tour.
J'affirme que c'est une faute, Gauvain, de m'y abandonner, mais vous n'en savez rien peut-être, peut-être que
je vous blâme à tort. C'est bien vrai, j'en conviens. Quelle
injure et quelle injustice d'avoir eu cette pensée ! Car je
suis sûr que rien sous la voûte du ciel ne vous eût
empêché, vos gens et vous, de venir me sortir du mal et
de l'adversité, si vous aviez connu la vérité, de plus c'était
votre devoir, comme compagnon, pour notre amitié, je ne
peux concevoir cela autrement. Mais cela ne sert à rien de
rêver à l'impossible.

« Ah ! puisse-t-il être maudit de Dieu et de saint Syl-
vestre, et par Dieu anéanti, celui qui si honteusement

---

1. *Roue de la Fortune :* roue symbolique, emblématique des vicis-
situdes humaines. Être en haut de la roue signifie que l'on se trouve
dans la prospérité ; être en bas symbolise l'adversité dans laquelle on est
plongé. **2.** Les auteurs du Moyen Âge utilisent volontiers les proverbes
pour justifier leurs propos. Il existait des recueils de ces proverbes popu-
laires, dans lesquels ils pouvaient puiser.

m'enferme ! C'est le pire de ceux qui vivent, c'est Méléagant l'envieux qui m'a fait le pis qu'il pouvait. »

Celui dont la vie se passe à souffrir se calme à cet instant et il s'est tu. Mais celle qui est en bas à attendre a entendu tout ce qu'il dit et ne veut plus perdre de temps, elle sait qu'elle touche au but. Elle l'appelle avec les mots qu'il faut :

« Lancelot, crie-t-elle le plus fort qu'elle peut, ami, vous qui êtes là-haut, parlez-moi ! Je suis votre amie. »

Mais lui, dedans, n'entendit rien. Et elle de crier toujours plus fort. Finalement, dans sa faiblesse, il crut l'entendre et s'étonna : qui donc peut ainsi l'appeler ? Il entend la voix qui l'appelle, mais qui c'était ? il ne le savait pas, il se croit le jouet d'une illusion. Il regarde avec attention autour de lui, au cas où il verrait quelqu'un, mais dans la tour il est bien seul.

« Mon Dieu, dit-il, qu'est-ce donc que j'entends ? J'entends parler sans voir personne ! Ma parole, c'est plus que fabuleux. Pourtant je ne dors pas, mes yeux sont grands ouverts. Encore, si cela survenait en songe, je pourrais croire à un mensonge, mais je suis éveillé, et c'est ce qui m'inquiète. »

Alors, non sans peine, il se lève, et va vers l'étroite ouverture, à pas faibles, très lentement. Arrivé là, il s'y appuie, cherchant toutes les positions. Quand il jette les yeux dehors, en regardant comme il peut, il voit celle qui avait crié. Il ne la reconnaît pas, mais du moins il la voit. Elle, aussitôt, l'a reconnu et lui dit :

« Lancelot, je suis venue de loin pour vous chercher. La chose est enfin arrivée, Dieu merci ! Je vous ai trouvé. C'est moi qui vous ai demandé, quand vous alliez vers le Pont de l'Épée, ce don que vous m'avez bien volontiers accordé, sitôt réclamé, c'était la tête du vaincu, ce chevalier haï de moi, que je vous fis alors trancher. Pour ce don, pour le service rendu, je me suis ainsi mise en peine et je vous sortirai d'ici.

— Mademoiselle, grand merci ! répond alors le prisonnier, je serai bien récompensé de vous avoir rendu service, si je suis mis hors de ces lieux. Si vous pouviez me

faire sortir d'ici, je vous fais la ferme promesse, au nom
de l'apôtre saint Paul, de vous rester à jamais tout acquis !
J'en atteste Dieu et sa face, il ne se passera pas de jour
que je ne fasse tout ce qu'il vous plaira de commander.
Vous ne saurez me demander quoi que ce soit qui
dépende de moi, sans qu'aussitôt vous l'obteniez.

– Ami, n'ayez aucune crainte, vous serez tiré de prison
et mis en liberté aujourd'hui même. Pour mille livres[1], je
ne laisserais pas de vous en faire sortir avant demain.
Vous ferez pour vous reposer un long séjour, tout à votre
aise. Il n'y a pas de chose qui vous plaise que vous
n'obteniez, si vous voulez. N'ayez plus la moindre
inquiétude. Mais d'abord il me faut chercher dans les
parages, n'importe où, un outil quelconque, si je le trouve,
pour qu'on puisse agrandir ce trou jusqu'à ce que vous y
passiez.

– Dieu vous donne de le trouver ! répond-il d'accord
avec elle. J'ai de la corde ici, en quantité, que cette
engeance m'a donnée pour que je hisse mes repas, un pain
d'orge très dur et de l'eau trouble, qui me donne la
nausée. »

La fille de Bademagu se procure alors un pic bien taillé,
aigu et solide, elle le lui donne aussitôt. Et le voici qui
frappe et qui martèle et qui creuse à force de coups,
épuisé pourtant par tout cet effort. Il sortit enfin, quand ce
fut bien large. Quel grand soulagement pour lui ! Quelle
immense joie, sachez-le, de se voir tiré de prison et de
s'échapper de ce lieu où il fut si longtemps tenu en cage.
Le voici à l'air libre et prenant son essor ! Soyez certains
que pour tout l'or répandu à travers le monde, l'aurait-on
mis en un seul tas pour le lui donner en paiement, il
n'aurait pas rebroussé chemin.

Voici donc Lancelot libre, mais si affaibli qu'il chance-

---

1. La *livre* est une ancienne monnaie, qui valait à l'origine le poids
d'une livre d'argent ; mille livres représentent une très grosse somme.
L'expression possède ici une valeur symbolique et peut être rapprochée
de l'expression : « pour tout l'or du monde ».

lait, défaillant presque de fatigue. Avec douceur, pour ne
pas le blesser, elle l'a mis par-devant sur sa mule, puis ils
s'en vont à vive allure. Mais elle sort des sentiers battus,
exprès pour qu'on ne les voie pas, chevauchant à la
dérobée, car si elle allait à la vue de tous, quelqu'un
pourrait les reconnaître qui, peut-être, aurait tôt fait de
leur nuire, et il n'en était pas question. Elle évite ainsi les
mauvais passages, pour atteindre enfin un manoir qui lui
servait de séjour et de retraite, pour l'agrément et la
beauté du lieu. Et la demeure avec ses gens était tout
entière à ses ordres. Tout s'y trouvait en abondance,
c'était un lieu sûr et privé.

   Lancelot y est descendu. A peine est-il arrivé là, il a été
déshabillé, la demoiselle le couche avec douceur, sur un
lit haut et beau, puis elle le baigne et l'entoure de tant de
soins que je ne pourrais pas vous en raconter la moitié. Sa
main s'est faite douce, elle le traite comme s'il eût été son
père, le rétablit, lui donne vie nouvelle, et change en pro-
fondeur son être. Il égale en beauté un ange, vous ne
verriez pas de créature plus prompte ou plus agile. Toute
trace de faim et de gale[1] a disparu, le voici fort, le voici
beau, il se relève. La jeune fille est allée lui chercher la
plus belle robe de chevalier qu'elle put trouver, et elle l'en
revêt, quand il se lève. En la passant, il s'est senti de joie
plus léger qu'un oiseau en vol. Lui mettant les bras au
cou, il l'embrasse puis il lui dit, plein d'amitié :

   « Amie, à vous seule et à Dieu je dois rendre grâce
d'avoir recouvré la santé. C'est vous qui m'avez jeté hors
de prison, vous pouvez disposer à votre gré de ma personne, corps et âme, de mes biens et de mes services.
Vous avez tant fait pour moi que je suis à vous. Mais
voici longtemps que l'on ne m'a vu à la cour d'Arthur,
mon seigneur, qui m'a toujours porté un grand honneur.
Là-bas, j'aurais beaucoup à faire. Puis-je, ma douce et

---

   1. *Gale :* maladie contagieuse de la peau due à la présence d'un
parasite animal ; symptomatique le plus souvent d'un manque d'hygiène :
Lancelot a séjourné dans la tour de Méléagant dans des conditions pré-
caires, durant plusieurs mois.

bonne amie, vous faire, avec amour, prière de me laisser
partir ? J'irais là-bas bien volontiers, s'il vous plaisait.

– Lancelot, mon doux, mon très cher ami, j'y consens,
dit la jeune fille, car, où que ce soit, je ne veux que votre
honneur et votre bien. »

Or elle avait un cheval merveilleux, le meilleur qu'on
ait jamais vu. Elle le lui donne, il l'enfourche, brûlant la
politesse aux étriers, et le voilà par surprise en selle. Alors
ils se recommandent de bon cœur à Dieu qui tout est
Vérité.

Lancelot s'est mis en chemin, si heureux que, même en
m'y engageant, je ne pourrais, quelque effort que je fasse,
vous dire sa joie d'avoir pu s'échapper ainsi du piège où
il était tombé. Mais maintenant il se répète sans arrêt que
le traître dégénéré qui l'emprisonnait s'est perdu lui-
même, c'est lui la dupe dont on rit :

« Oui, malgré lui, j'en suis sorti ! »

Il jure par Dieu en personne, le Créateur de l'univers,
qu'il n'existe pas de trésor de Babylone jusqu'à Gand
pour lequel il laisserait échapper Méléagant, s'il le tenait
et qu'il prît sur lui le dessus : il lui a fait trop de tort et de
honte.

Mais les choses en sont venues au point qu'il sera
bientôt à même d'en tirer vengeance, car ce même Méléagant qu'il menace et que déjà il talonne, était venu ce
jour-là à la cour, sans que personne l'eût mandé. Dès son
arrivée, il demanda monseigneur Gauvain qu'il obtint de
voir. Alors ce traître confirmé s'enquiert à lui de Lancelot : l'avait-on retrouvé depuis ? Comme si lui n'en
savait rien ! Mais justement il ne savait pas tout, bien qu'il
se crût sûr de son fait. Gauvain lui répond sans mentir
qu'il ne l'avait pas vu venir depuis.

« Puisqu'ainsi je ne le trouve pas, lui, dit Méléagant,
c'est à vous de venir ! Tenez-moi donc parole, je ne vous
attendrai pas plus.

– S'il plaît à Dieu en qui je crois, répond Gauvain, je
vous tiendrai d'ici peu mes engagements. Je compte bien
m'acquitter envers vous. Si on en vient à qui fera le plus
de points et que je lance au mieux mes dés, que Dieu et

sainte Foi m'entendent, je prendrai comme un droit, sans
faute, la totalité de la mise[1]. »

Alors Gauvain, sans plus attendre, a donné l'ordre
qu'on jette un tapis là, devant lui, et qu'on l'étende. Les
écuyers, devant son ordre, n'ont pas voulu se dérober.
Sans la moindre grogne ni hargne, ce qu'il exige est
accompli. On apporte le tapis, on le place à l'endroit qu'il
a désigné. Leur maître alors s'assied dessus, puis il
commande de l'armer aux jeunes nobles qu'il voit là,
débarrassés de leur manteau. Ils étaient trois, parmi ses
proches, cousins ou neveux, je ne sais, tous bien éduqués
et vaillants. Ils ont si bien su lui mettre ses armes qu'il n'y
a dans ce monde rien que l'on pourrait leur reprocher
comme une erreur à dénoncer dans le détail de leur service. Après l'avoir armé, l'un deux est allé lui chercher un
destrier[2] d'Espagne, qui était plus véloce à travers champs
et bois, ou par monts et par vaux, que ne le fut le vaillant
Bucéphale[3]. Sur ce cheval que je vous dis est monté
l'illustre chevalier, Gauvain, l'homme le plus courtois qui
ait jamais reçu bénédiction. Déjà il saisissait l'écu, quand
il vit devant lui descendre Lancelot qu'il n'attendait pas.

Quelle merveille de le voir, quand il est si soudainement survenu ! Vraiment, sans mentir, Gauvain s'en est
émerveillé comme s'il était à l'instant, devant ses yeux,
tombé du ciel. Mais dès qu'il voit que c'est bien lui, rien,
quelle qu'en eût été l'urgence, ne peut alors le retenir de
mettre aussitôt pied à terre, et d'aller vers lui, les bras
tendus, le saluer et l'embrasser. Quelle grande joie et quel
bonheur de retrouver son compagnon ! Oui, c'est la pure

---

1. Métaphore filée signifiant que Gauvain entend bien mettre à mort
Méléagant. **2.** *Destrier :* voir note 1, p. 23. **3.** *Bucéphale* est le cheval
merveilleux d'Alexandre le Grand, le seul à avoir pu le dompter. On en
trouve une description dans le *Roman d'Alexandre* (voir Livre de Poche,
« Lettres gothiques », traduction de Laurence Harf-Lancner, p. 99) :
« Quand Philippe (père d'Alexandre) l'a reçu de la reine d'Égypte, c'était
un jeune poulain qui venait de naître ; il n'est pas maintenant de cheval
plus farouche. Nul homme n'a jamais vu de bête de cette sorte : les
flancs tachetés, la croupe fauve, la queue violette comme celle d'un
paon, par les soins de Nature, la tête d'un bœuf, les yeux d'un lion, le
corps d'un cheval : voilà pourquoi on le nomme Bucéphale. »

vérité, n'allez surtout pas en douter, à cet instant même,
Gauvain aurait refusé qu'on l'élût roi s'il avait dû être
sans lui. Déjà le roi, déjà tous savent que Lancelot, n'en
déplaise à certains, est revenu tout sain et sauf, lui qu'on
attendait depuis si longtemps. Ils en montrent tous une
grande joie. Pour le fêter la cour qui fut longtemps dans
cette attente se rassemble. Tous, les jeunes comme les
vieux, manifestent leur grande joie. La joie chasse en la
dispersant la douleur qui régnait avant. La tristesse
s'enfuit, la joie transparaît, qui tous les transporte.

– Et la reine ? Prend-elle part à la joie qui se voit partout ? – Mais oui, et toute la première. – Comment cela ?
Dieu ! Où donc serait-elle ? Si rien ne lui causa jamais
plus de joie que cette heureuse arrivée, pourquoi n'est-elle
pas venue à lui ? – Mais c'est le cas ! Elle est si près de
lui que pour un peu, elle serait presque à suivre en personne son cœur. – Où donc est son cœur ? – Il couvrait,
tout joyeux, Lancelot de baisers. – Alors pourquoi le
corps se cachait-il ? Sa joie n'est-elle pas entière ? S'y
mêle-t-il dépit ou haine ? – Non, vraiment, d'aucune
façon, mais il y a nombre de gens, le roi et d'autres, là,
présents, avec leurs yeux tout grands ouverts, qui pourraient vite tout comprendre, si elle avait laissé son cœur
devant tous dicter sa conduite. Et si Raison n'avait chassé
tant de passion, de pensées folles, on aurait connu le fond
de son cœur et c'eût été une immense folie. Aussi Raison
a-t-elle enfermé, enchaîné ce cœur trop fou et ses folles
pensées. Recouvrant un peu son bon sens, elle remet la
chose à plus tard, pour guetter le moment propice et
trouver un lieu plus discret, où ils viendraient à meilleur
port que là où ils sont à présent.

Le roi rend de grands honneurs à Lancelot. Après lui
avoir bien marqué sa joie, il lui a dit :

« Ami, voici longtemps vraiment que je n'ai eu un tel
plaisir d'apprendre des nouvelles de quelqu'un comme je
le fais de vous, mais je m'étonne : dites-moi où, en quel
pays, vous avez pu rester si longuement. Durant l'hiver,
durant l'été, je vous ai fait chercher partout, sans que
personne vous trouvât.

– Cher seigneur, répond Lancelot, je peux vous dire, en peu de mots, exactement ce qui m'est arrivé. Méléagant m'a maintenu, cet infâme traître, en prison depuis le jour où les captifs en son pays ont été libérés. Il m'a fait vivre indignement dans une tour en bord de mer. C'est là qu'il m'a fait enfermer. J'y mènerais encore une vie de souffrances, si je n'avais eu une amie, une jeune fille, à qui, autrefois, j'avais rendu quelque service. Et elle, pour ce don minime, s'est montrée en retour très généreuse, m'apportant honneur et bienfaits. Quant à celui que je déteste en tout et à qui je dois la honte et le mal qu'il m'a procurés sans relâche, j'entends lui payer tout son dû ici même, sans plus attendre. Ce qu'il est venu chercher, il l'aura ! Il ne faut pas qu'il reste là à attendre, car voici prêt tout son gain, principal et intérêt. Dieu veuille qu'il n'en tire gloire ! »

Gauvain s'adresse à Lancelot :

« Ami, fait-il, ce paiement-là, je peux le faire à votre créancier, ce n'est qu'un modeste service, et puis je suis déjà en selle, prêt au combat, vous le voyez. Mon doux ami, ne me refusez pas ce don. Je le voudrais, je le réclame. »

Plutôt se laisser arracher un œil de la tête, répond-il, les deux même, que de devoir y consentir ! Rien de tel n'arrivera, il le jure : sa dette, il la remboursera lui-même, car il en a, de sa main, fait serment.

Gauvain comprend bien qu'il est inutile de chercher d'autres arguments. Il retire de son dos son haubert et il ôte toutes ses armes. C'est Lancelot qui s'en revêt sans prendre le moindre retard. L'heure ne lui semble jamais venir où ses comptes seront en règle ! Il ne connaîtra pas de bonheur avant d'avoir payé Méléagant, dont l'étonnement est sans bornes devant la merveille qu'il voit. Pour un peu il perd la raison, car c'est à en devenir fou !

« Quel insensé j'ai donc été de n'être pas allé voir, avant de venir, si je le tenais bien toujours emprisonné dedans ma tour, celui qui vient de me jouer ce tour ! Mais pourquoi, grand Dieu, y serais-je allé ? Comment aurais-je pu penser qu'il fût capable d'en sortir ? Les murs ne sont-ils pas bien compacts, la tour, assez haute et puissante ? Aucun trou ni aucune faille par où il aurait pu passer, sans trouver d'aide du dehors ! Le secret fut trahi peut-être. Admettons qu'à force d'usure les murs se soient tout écroulés, n'aurait-il pas péri avec, le corps broyé, déchiqueté ? Mais oui, par Dieu, et tout entier ! Les murs tombés, c'était sa mort. Mais avant qu'ils ne tiennent plus, c'est la mer tout entière qui viendra à manquer sans qu'il reste une seule goutte d'eau, et ce sera la fin du monde, ou il faudra les abattre de force. Non, il en va tout autrement : pour sortir, il a eu de l'aide, sans quoi il ne se serait pas envolé. Je dois ma perte à des complices. Quoi qu'il en soit, il est dehors. Si j'avais bien su m'en garder, rien de tel ne serait arrivé, on ne l'aurait pas revu à la cour. Mais je me repens bien trop tard. Le paysan, soucieux de la vérité a un proverbe bien établi : il est trop tard pour fermer l'écurie quand le cheval a été volé[1]. Je suis bien sûr de connaître à présent le plus honteux des traitements, à moins d'avoir beaucoup à souffrir. Combien me faudra-t-il souffrir ? Qu'importe ! Aussi longtemps que je tiendrai, je lui donnerai fort à faire, si Dieu le veut, en qui j'ai foi. »

Il cherche ainsi à se réconforter et il ne demande plus rien d'autre que de venir en champ clos face à face avec Lancelot. Cela ne peut tarder, je crois, car Lancelot vient à l'attaque, en vue d'une prompte victoire. Mais avant qu'ils ne se livrent assaut, le roi leur dit d'aller tous deux plus bas, dans la lande au pied de la tour : il n'y a plus belle jusqu'en Irlande. Et ils le font, ils vont là-bas, en dévalant vite la pente. Le roi les suit, avec sa cour, en masse, groupes après groupes. Ils s'y rendent tous, sans nulle exception, tandis qu'aux fenêtres maints autres viennent, la reine avec les dames et les jeunes filles dont maintes étaient de grande beauté.

Dans cette lande il y avait un sycomore[2], qui ne pouvait être plus beau. Il tenait une large place, environné tout en

---

1. Voir note 2, p. 139. **2.** *Sycomore* : arbre ornemental qui fait partie de la traditionnelle description du lieu agréable *(locus amœnus)* dans la bordure d'un tapis d'herbe fraîche et belle, qui en toute saison était nouvelle. Au pied du noble sycomore qui remontait au temps d'Abel, jaillissait une source claire. Elle s'écoulait vivement sur un beau fond de gravier net qui brillait comme de l'argent. Par un conduit qui était fait, je crois, de l'or fin le plus pur, elle s'enfuyait à travers la lande, entre deux bois, dans un vallon. Là, il plaît au roi de s'asseoir, qui trouve plaisir à tout ce qu'il voit. Il donne l'ordre qu'on s'écarte. Et Lancelot fond aussitôt avec violence sur Méléagant, qui était l'objet de toute sa haine. Mais avant de venir le frapper, il l'a menacé à voix haute :

« Venez par là, je vous défie ! Soyez de plus bien assuré que je n'entends pas vous épargner. »

Il éperonne alors son cheval et revient un peu en arrière, à une portée d'arc au moins. Puis, l'un contre l'autre, ils se lancent de toute la vitesse de leurs chevaux. Ils se portent aussitôt un coup si rude sur les écus qu'ils ont solides qu'ils les transpercent de part en part, mais sans se blesser ni l'un ni l'autre et sans s'atteindre dans leur chair. Sans s'arrêter ils passent outre, puis reviennent se donner un grand coup de tout l'élan de leurs chevaux sur les écus qui les protègent. Ce sont des chevaliers impétueux, pleins de vaillance et de courage, leurs chevaux aussi ont force et vitesse. Dans la violence de ce choc, les écus qu'ils portent au cou sont traversés par les deux lances qui, sans avoir été brisées, sont parvenues de vive force jusqu'au contact de leur chair. Leur poussée réciproque est si brutale qu'ils se sont renversés à terre : poitrail[1], sangle ni étriers, n'ont pu empêcher qu'ils ne vident, chacun, leur selle par-derrière et ne tombent sur la terre nue. Les chevaux affolés errent en tous sens. L'un se met à ruer et l'autre à mordre, prêts tous deux à s'entre-tuer.

Les chevaliers jetés à bas se sont relevés au plus vite et

---

littérature du Moyen Âge. Il s'agit ici d'un très vieil arbre au feuillage très fourni, capable de procurer un bel ombrage.

1. Voir note 2, p. 127.

ils ont tiré aussitôt leurs épées où des lettres étaient inscrites. L'écu à hauteur de visage, ils sont désormais occupés à se faire tout le mal possible avec leurs épées à l'acier tranchant. Mais Lancelot ne le craint pas, car, en escrime, il en savait deux fois plus que son adversaire : dès l'enfance il l'avait apprise. Tous deux se frappent de grands coups sur les écus retenus à leur cou et sur les heaumes[1] aux cercles d'or : les voilà brisés et cabossés. Mais Lancelot le serre de très près. D'un coup porté avec puissance sur son bras droit bardé de fer, qui était à découvert par-devant son écu, il le lui a tout net tranché. Quand l'autre sent le dommage subi, cette main droite qu'il a perdue, il se dit qu'il la vendra chèrement, s'il peut en trouver l'occasion, sans y manquer pour rien au monde. Il ressent tant de rage et de douleur qu'il est près d'en devenir fou. Il fait peu de cas de lui-même s'il ne peut lui jouer quelque mauvais tour.

Il fonce sur lui, croyant le surprendre, mais Lancelot a bien pris garde : avec son épée bien tranchante, il l'entame d'un tel coup de taille[2] qu'avril et mai passeront avant qu'il se remette. Il lui rentre le nasal[3] dans les dents, dont trois se trouvent brisées. Méléagant suffoque de colère au point d'en perdre la parole, il ne daigne pas non plus demander grâce, il est trop prisonnier de la folie de son cœur qui l'instruit à contresens. Lancelot vient, lui délace le heaume et lui tranche la tête : il ne peut plus s'y dérober. Il est tombé mort, c'en est fait de lui. Mais personne, je vous l'assure, parmi l'assistance n'eut à sa vue la moindre pitié de lui. Le roi, ainsi que tous les autres, en ont montré beaucoup de joie. Ceux qui en sont les plus heureux désarment alors Lancelot et l'emmènent dans l'allégresse.

Seigneurs, si je parlais encore, j'aurais dépassé mon sujet. Je m'apprête donc à conclure. Le roman est ici

---

1. Voir note 1, p. 25. 2. Dans l'expression *de taille et d'estoc*, la taille représente le tranchant de l'épée, alors que l'estoc désigne la pointe. 3. *Nasal* : partie du heaume qui protège le nez du chevalier.

complètement terminé. Godefroi de Leigni, le clerc, a mené à bonne fin *La Charrette*, mais qu'on ne vienne pas le blâmer s'il a continué l'œuvre à la suite de Chrétien ! Il ne l'a fait qu'avec l'accord de Chrétien qui l'a commencée. Il a poursuivi à partir du moment où Lancelot venait d'être emmuré pour aller aussi loin que dure le récit. Telle est sa part. Il ne veut rien ajouter ni retrancher, pour ne pas gâter le conte.

Ici prend fin le roman de Lancelot de la charrette.

Commentaire

LES DÉBUTS DU ROMAN, MATIÈRE ANTIQUE
ET MATIÈRE CELTIQUE

Primitivement, le terme de roman désigne un texte écrit en langue dite romane. Cette langue romane provient d'une déformation du latin parlé. Les Romains, lors de leurs conquêtes[1], imposèrent leur langue, le latin. Cependant, les peuples vaincus déformèrent cette langue latine, ce qui, suivant les pays, donna naissance aux langues romanes, comme le français, l'italien, l'espagnol, le portugais ou le roumain. En France, la langue romane, qui était parlée, n'était pas uniforme : on distinguait plusieurs dialectes, qui, cependant, pouvaient par leurs traits communs être regroupés en deux grandes familles. On trouve ainsi les langues d'oc, parlées au sud du Massif central, comme le provençal, le catalan ou le gascon, et les langues d'oïl, en usage dans le nord de la France, comme le picard, le normand, le wallon et le francien. Il est important de remarquer qu'au XIIe siècle, la langue romane appartient encore presque exclusivement au domaine de l'oral, c'est ce qu'on appelle la langue vulgaire[2], par opposition au latin, qui est la langue savante pratiquée par les clercs et réservée à la rédaction de textes traitant de sujets considérés comme importants : la religion, l'histoire ou les sciences. Choisir de rédiger un écrit quel qu'il soit en langue romane n'est pas dans les habitudes de l'époque, c'est pourquoi l'on peut considérer

---

1. L'établissement des Romains en Gaule a lieu entre le IIe et le Ier siècle avant J.-C. 2. *vulgaire* du latin *vulgus* (la foule) ; par conséquent, la langue vulgaire est celle qui est parlée par la foule, le peuple.

que la langue romane employée dans les écrits est une langue qui en est alors à ses débuts.

> *Un clerc est à la fois un homme d'Église et quelqu'un qui est capable de comprendre les textes. Le mot unit les deux notions de façon indissociable. Au clerc s'oppose donc le laïc illettré. En lui s'unissent l'activité intellectuelle et l'effort spirituel. À lui s'attachent l'autorité de l'Écriture et celle qui émane de tous les livres. Sa langue est celle de l'Église, le latin. (...) Comme il a le monopole de l'écrit, le sort de la jeune langue vulgaire est entre ses mains*[1].

Les premières œuvres littéraires rédigées en langue romane, qui vont prendre le nom de *romans,* sont écrites en vers. Elles se veulent des adaptations d'œuvres de l'Antiquité latine. Ce sont des clercs qui les rédigent et qui traduisent en langue romane des histoires écrites en latin.

Parmi ces premiers romans, on peut citer :
– le *Roman d'Alexandre,* qui raconte, en faisant largement appel à la fiction, la vie du roi de Macédoine[2] ;
– le *Roman de Thèbes*[3], composé par un clerc anonyme vers 1150, qui a pour sujet l'histoire d'Œdipe et de ses fils ;
– le *Roman d'Eneas,* adaptation de l'*Énéide* de Virgile ;
– le *Roman de Troie,* rédigé vers 1160, œuvre de Benoît de Sainte-Maure, qui a utilisé des compilations[4] latines pour relater la guerre de Troie.

Les auteurs de ces romans prétendent non seulement être fidèles à leurs sources mais aussi faire figure d'historiens, alors que bien souvent ils modifient sans scrupule l'histoire originale ; leur point commun est qu'ils utilisent

---

1. Michel Zink, *Introduction à la littérature française du Moyen Âge,* Paris, Le Livre de Poche, 1993, p. 18. **2.** *Le Roman d'Alexandre,* Alexandre de Paris, Lettres gothiques, Paris, Le Livre de Poche, 1994. **3.** *Le Roman de Thèbes,* Lettres gothiques, Paris, Le Livre de Poche, 1995. **4.** *compilation :* ouvrage composé d'extraits de divers auteurs traitant d'un même sujet.

exclusivement la matière antique. La possibilité de changer de source d'inspiration va être donnée vers 1155, par Wace qui, en adaptant en langue romane l'*Historia regum Britanniae*[1], va puiser à d'autres sources que celles des récits de l'Antiquité. Wace, en effet, abandonne les grands personnages mythiques de l'Antiquité pour mettre en scène le roi Arthur, l'enchanteur Merlin et la Table Ronde. Ce nouvel univers appartient au monde celtique de la matière de Bretagne. C'est ce nouveau monde que Chrétien de Troyes choisira de développer et d'amplifier, en le prenant pour cadre de ses romans.

> *En quittant l'Antiquité et le monde méditerranéen pour la Bretagne et le temps du roi Arthur, le roman renonce à la vérité historique, référentielle, et doit se chercher une autre vérité. Une vérité qui est celle du sens ; un sens qui se nourrit pour l'essentiel d'une réflexion sur la chevalerie et l'amour. Ce sera l'œuvre, dès les années 1170, de Chrétien de Troyes, dont le génie impose pour longtemps le modèle du roman courtois arthurien et de sa quête du sens.*
>
> (Michel Zink, *op. cit.,* p. 65.)

Les origines de la matière celtique, à laquelle Wace puis Chrétien vont puiser, ne nous sont pas connues de façon très précise, car cette matière provient essentiellement d'un fonds de légendes galloises et irlandaises, faisant partie d'un folklore qui n'a pas laissé de traces écrites. Il nous reste néanmoins plusieurs récits gallois en prose, conservés dans des manuscrits du XIIIe siècle, qui mettent en scène le roi Arthur et des chevaliers qui ressemblent par certains côtés à Yvain, Perceval ou Érec. Les contes et les nouvelles en vers de Marie de France, contemporaine de Chrétien de Troyes, nous apprennent qu'il existait des lais bretons, dont elle s'inspire pour

---

1. L'*Historia regum Britanniae,* Histoire des Rois de Bretagne, a été publiée en 1136 par le Gallois Geoffroy de Monmouth.

composer ses récits auxquels elle donne le nom de *lais*[1]. Ces lais font référence au monde arthurien, ou à la légende de Tristan et Iseut[2], que Chrétien de Troyes a également utilisée pour définir sa propre conception de l'amour courtois, par exemple dans *Cligès*. Chrétien affirme également, dans le prologue de *Cligès*, avoir composé un conte à propos du roi Marc et d'Iseut la Blonde, œuvre qui malheureusement n'a pas été conservée. L'histoire de ces deux amants célèbres provient également du fonds folklorique celtique, puisque l'on connaît un conte irlandais, qui date du IXe siècle ou même avant, dont le schéma général peut être rapproché de l'histoire de Tristan et Iseut, telle qu'elle a circulé dans les milieux littéraires en France, au XIIe siècle. La matière de Bretagne a donc fourni aux conteurs français certains de leurs personnages mais aussi le contexte merveilleux de leurs récits : dans *Le Chevalier de la Charrette*, par exemple, Chrétien fera allusion au monde des fées et à leurs pouvoirs magiques, en évoquant à deux reprises l'anneau offert à Lancelot par la Dame du Lac, qui lui permet de déceler les enchantements. Il ne faudrait cependant pas croire que les auteurs français du XIIe siècle ont recopié telles quelles des histoires qui avaient circulé avant eux, les récits de Marie de Champagne et de Chrétien sont suffisamment différents de par leur trame narrative, de par leur style, pour montrer que leurs auteurs, chacun de son côté, avec des sensibilités différentes, ont emprunté des personnages et des histoires familiers à leurs contemporains, mais qu'ils en ont donné une version qui leur appartient en totalité.

---

1. Le mot *lai* est un terme celtique, qui à l'origine désigne une chanson. Chez Marie de France, il ne s'agit plus véritablement de chansons, mais de courtes histoires rédigées en vers, adaptations des lais bretons. **2.** Pour le monde arthurien, voir le lai de Marie de France intitulé *Lanval*, pour la légende de Tristan et Iseut, voir celui du *Chevrefeuille*.

Fin'amor et amour courtois

Les romans de Chrétien de Troyes placent l'amour au centre de leur récit et de leurs préoccupations. Ce n'est pas le cas des chansons de geste, apparues un peu plus tôt et qui sont avant tout des récits guerriers. Ce n'était pas réellement le cas non plus de la littérature de l'Antiquité. Qu'un roman soit un roman d'amour nous paraît banal. C'est pourtant, en cette fin du XIIᵉ siècle, une nouveauté.

Chrétien s'inspire d'une conception de l'amour, de sa nature et de ses exigences, qui apparaît au début du XIIᵉ siècle dans la poésie lyrique des troubadours de langue d'oc sous le nom de *fin'amor* (amour affiné, parfait), et qui privilégie la valeur du désir amoureux. Les troubadours chantent et exaltent ce désir toujours proche de l'assouvissement mais qui, pourtant, doit toujours rester en deçà pour que l'amour vrai puisse perdurer. Cette tension psychologique engendre chez l'amant une oscillation perpétuelle entre l'exaltation et la souffrance, sentiment auquel les poètes du sud de la France ont donné le nom de *joi*. L'amour est supposé être la source de toutes les vertus, et en particulier du courage et de la prouesse. L'amant doit mériter les faveurs librement consenties de sa dame par une soumission absolue et fervente.

Qui étaient les troubadours ?

– De grands seigneurs comme Guillaume IX, Dauphin d'Auvergne, Raimbaud d'Orange, Jaufré Rudel, « prince de Blaye » ;
– des hobereaux comme Bertrand de Born, Guillaume de Saint-Didier, Raymond de Miraval ;
– des clercs comme le moine de Montaudon, Peire Cardenal ;
– des gens du peuple comme Bernard de Ventadour, enfant de domestique ; Marcabru, « fils d'une pauvre femme » ; Folquet de Marseille, marchand ; Guillaume Figueira, tailleur.

Les troubadours provenaient d'horizons sociaux très différents, ils allaient de château en château, de cour en cour, récitaient et chantaient, mais aussi étaient capables de théoriser et de débattre de questions touchant à l'amour ou à l'art poétique. On connaît assez bien la vie et la personnalité des troubadours, car les *chansonniers*, c'est-à-dire les anthologies où sont réunies leurs chansons, sont souvent précédés du récit de leur vie, largement fictif et souvent imaginé à partir des chansons elles-mêmes, mais généralement exact concernant l'origine géographique et sociale du troubadour.

Cette conception de la *fin'amor* s'est propagée dans la France du Nord au milieu du XIIᵉ siècle. Cette propagation coïncide avec le mariage d'Aliénor d'Aquitaine, petite fille de Guillaume IX, avec le roi de France, Louis VII le Jeune, en 1137, puis avec le roi d'Angleterre Henri II Plantagenêt. Aliénor d'Aquitaine a imprégné les cours de la France du Nord de l'esprit et de la culture des troubadours. Sa fille aînée, Marie, devenue par son mariage avec Henri Iᵉʳ le Libéral, comtesse de Champagne, continuera son œuvre en accueillant à sa cour les plus grands poètes du nord et du sud de la France. Elle invitera ainsi le troubadour Rigaut de Barbezieux, le trouvère Conon de Béthune, et elle encouragera la diffusion de ce que l'on appelle l'amour courtois, en se faisant l'un des mécènes de Chrétien de Troyes.

Le terme d'amour courtois semble paradoxalement appartenir à la terminologie de la critique moderne et avoir été employé pour la première fois par un médiéviste, Gaston Paris, en 1883, à propos justement du *Chevalier de la Charrette,* faisant référence aux subtilités et aux raffinements de l'amour qui unit Lancelot à Guenièvre. Cependant, chez Chrétien de Troyes, dans *Le Chevalier de la Charrette,* on trouve déjà le terme *courtoisie* associé à celui d'*amour* dans la bouche de Lancelot, l'amant parfait :

On ne pourrait rien mentionner qui méritât un seul reproche si l'amour en était la cause. Tout ce qu'on fait pour son amie n'est rien qu'amour et courtoisie (vv. 4357-4360).

On peut donc considérer que la notion d'amour courtois existait bel et bien à l'époque de Chrétien et qu'elle correspondait à la *fin'amor* adaptée à la sensibilité des souverains et des écrivains de la France du Nord.

Émules des troubadours, les trouvères se distinguent cependant par plusieurs traits de leurs modèles. Dans le cadre du grand chant courtois, ils se montrent généralement plus réservés, plus pudibonds même. Usant avec une habileté très délibérée de toutes les ressources de la versification et de la rhétorique[1], ils gomment plus leurs effets que les troubadours et ne recourent guère au style âpre, flamboyant, paradoxal et tendu cher aux méridionaux (...) Il faut ajouter que les conditions mêmes de la vie littéraire sont différentes. Certes, on trouve parmi les trouvères le même éventail social que chez les troubadours (...) mais la proportion des nobles dilettantes[2], auteurs de quelques chansons parce que cela fait partie du jeu social, est plus faible que dans le Sud. (...) Surtout, quelle que soit l'importance des grandes cours lettrées comme celle de Champagne, la plupart des trouvères, à partir de la fin du XIIᵉ siècle, appartiennent au milieu littéraire des riches villes commerçantes du nord de la France, en particulier d'Arras.

(Michel Zink, *op cit.*, p. 56.)

L'amour courtois tel qu'on va le trouver chez Chrétien de Troyes se différenciera de la *fin'amor* parce que, d'une part, le conteur champenois n'a pas la même sensibilité

---

1. Roger Dragonetti, *La Technique poétique des trouvères dans la chanson courtoise*, Bruges, 1960. **2.** Par exemple, le comte de Champagne Thibaud IV, roi de Navarre, ou Richard Cœur-de-Lion.

que les troubadours, et que, d'autre part, la forme littéraire qu'il utilise n'est plus la chanson mais le roman, qui, quoique rédigé en vers, est destiné à être lu et n'a plus à obéir aux contraintes rythmiques du chant. Un autre facteur intervient également : le cadre dans lequel se développe le thème du parfait amour est celui de la matière celtique, empreint de féerie et de magie, ce qui est tout à fait étranger à l'univers des troubadours.

L'amour courtois se démarque donc de la *fin'amor* des troubadours et possède un code qui lui est propre et qui sera fixé par André le Chapelain, dans son *Traité de l'amour*, composé entre 1185 et 1187.

Chapitre III : Comment l'amour peut décliner[1]

Voyons donc comment l'amour peut décliner. Lorsqu'il est trop facile aux amants de connaître les plaisirs de l'amour et de se voir, lorsqu'ils ont trop l'occasion de se parler, leur passion diminue.
L'amour décline aussi quand une femme découvre quelque infamie chez son bien-aimé (...).
L'amour est également touché par le déclin quand une femme estime que son amant est lâche au combat (...).

Bien que la plupart des romans de Chrétien de Troyes soient antérieurs à ce traité, les principes de l'amour courtois régissent le comportement des héros qu'il met en scène dans ses histoires. André le Chapelain n'a fait que codifier ce à quoi aspiraient déjà depuis des années les chevaliers et les nobles dames du XIIe siècle.

Chrétien de Troyes dit lui-même dans le prologue du roman que le sujet du *Chevalier de la Charrette* lui a été imposé par la comtesse Marie de Champagne. Il n'est pas certain que ce récit d'amour adultère, bien dans l'esprit de certains troubadours, lui ait parfaitement convenu. Au reste, il laissera un de ses disciples, Geoffroy de Lagny,

---

1. André le Chapelain, *Traité de l'amour courtois,* introduction, traduction et notes par Claude Buridant, Klincksieck, Paris, 1974, p. 154.

terminer le roman à sa place pour se remettre lui-même à la rédaction du *Chevalier au Lion,* sans doute interrompue par la commande de la comtesse. Sans être à proprement parler un moraliste, il s'intéresse davantage de lui-même au problème de l'amour conjugal, de son équilibre, de sa stabilité (*Erec et Enide, Le Chevalier au Lion*) ou à celui de la compatibilité entre l'amour et les lois divines et humaines (*Cligès,* qui cherche une solution moralement satisfaisante à la situation de Tristan et d'Iseut).

Œuvres majeures de Chrétien de Troyes

Erec et Enide, vers 1170.
Cligès, vers 1176.
Le Chevalier au Lion et *Le Chevalier de la Charrette*, entre 1177 et 1181.
Le Conte du Graal, entre 1182 et 1190.

LE CHEVALIER ERRANT

Le personnage du chevalier errant semble avoir été créé par Chrétien de Troyes en même temps que le roman arthurien ; il y apparaît comme une figure indispensable, moteur et agent principal de l'action. Le chevalier errant est donc un chevalier qui part sur les routes en quête d'aventures. Le verbe *errer* dont *errant* est le participe n'est pas le verbe issu du latin *errare,* « se tromper », mais celui issu du bas latin *iterare,* « cheminer ». Mais la confusion des deux verbes et des deux sens pèse sur notre expression « errer à l'aventure », comme sur l'errance en quête d'aventures du chevalier errant.

On s'est souvent demandé qui étaient ces chevaliers et quels étaient leurs motifs. En fait, il est très difficile de dessiner un portrait-robot du chevalier errant. Si l'on s'en tient par exemple à l'étude de ce type de chevaliers dans l'œuvre de Chrétien de Troyes, on découvrira dans *Erec et Enide* que, sous le nom de chevaliers errants, se cachent parfois des ribauds et des voleurs dont la quête se résume à détrousser les chevaliers errants qui voyagent de façon solitaire ; la plupart du temps, néanmoins, le chevalier errant est un personnage qui appartient à la noblesse et qui est mû par des motifs en accord avec la qualité de son rang. Le jeune noble, lorsqu'il est adoubé[1], prête le ser-

---

1. *adoubement* : cérémonie au cours de laquelle le jeune noble

ment de défendre les faibles et les opprimés, c'est ce que fait le chevalier errant au hasard des aventures qui jalonnent sa route. Il n'y a pas non plus de limite d'âge pour partir en quête d'aventures : cela va chez Chrétien de Troyes du tout jeune Perceval à l'homme d'âge mûr que représente Gauvain, par opposition à Perceval dans *Le Conte du Graal*. Il suffit de savoir monter à cheval et d'être assez robuste et habile pour manier la lance et l'épée, car la fonction du chevalier errant étant de jouer le redresseur de torts, il lui faudra pratiquement chaque jour affronter un ou plusieurs adversaires et si possible les vaincre.

En principe, le chevalier errant voyage seul, mais il peut, pour un temps, être accompagné par un autre chevalier ou par une demoiselle, son double féminin qui hante également, en solitaire, les chemins, et qu'il se doit de protéger, mais très rapidement ces personnages se quittent en se recommandant à Dieu et poursuivent seuls leur route. La journée du chevalier errant est construite sur un modèle assez répétitif : il se lève à l'aube et, s'il le peut, écoute la messe avant de partir, il chevauche ensuite jusqu'à ce que se présente une aventure ou que la tombée du jour le surprenne ; quand arrive le soir et qu'il fait trop sombre pour continuer sa route, le chevalier errant se met en quête d'un gîte qui, le plus souvent, se présente de façon providentielle : c'est un honneur pour tout noble que de recevoir un chevalier errant chez soi ; celui-ci n'a donc pas de problème, en principe, lorsque l'occasion survient, pour trouver un endroit où dormir et se restaurer. Néanmoins, il peut arriver qu'il ne rencontre aucun château ni manoir sur sa route, il est alors contraint de dormir à la belle étoile.

Le chevalier errant étant le plus souvent un homme d'honneur, son comportement obéit à un code régi par les lois de la chevalerie. Ainsi, lorsqu'il arrive qu'un groupe

---

devient chevalier ; on lui remet à cette occasion des armes et un équipement, il doit alors prêter serment de se conduire conformément au code de la chevalerie.

de chevaliers croisent un chevalier tout seul et que le combat soit décidé entre eux, il est d'usage que les chevaliers ne se jettent pas tous ensemble sur celui qui est seul, mais qu'ils l'affrontent tour à tour, jusqu'à ce qu'il y ait un vainqueur, il arrive cependant que certains mauvais chevaliers transgressent cette loi. D'autre part, le chevalier qui vainc un autre chevalier détient un pouvoir absolu de vie et de mort sur lui. Lorsque la faute ne mérite pas la mort ou que le chevalier vaincu implore pitié auprès de son vainqueur, ce dernier l'oblige souvent à aller se constituer prisonnier chez quelqu'un qui disposera de lui comme il l'entendra ; c'est une façon pour le vainqueur de rendre hommage à son suzerain et de lui donner ainsi signe de vie par l'intermédiaire de ce messager contraint et forcé. Le vainqueur n'accompagne pas le vaincu jusqu'à sa prison, mais ce serait un déshonneur extrême pour le vaincu que ne pas s'acquitter de la promesse qu'il a faite à son vainqueur. On voit donc que même si le chevalier errant a quitté le monde chevaleresque des cours royales, il n'en oublie pas pour autant les valeurs morales et sociales qui le régissent. Puisque l'errance du chevalier apparaît comme une façon de vivre la même chose mais dans un autre cadre, on peut se demander ce qui pousse dans leur for intérieur les chevaliers à quitter leur château ou la cour.

Il n'y a pas de réponse unique à cette question, du moins les auteurs s'arrangent-ils pour qu'il n'y en ait pas. Chaque chevalier possède une bonne raison de partir qui lui est personnelle. On peut prendre pour exemple quelques héros de Chrétien[1]. Ainsi, ce qui pousse Erec, fils de roi, le premier chevalier errant mis en scène par Chrétien de Troyes, à partir en quête d'aventures alors qu'il coule des jours paisibles et heureux auprès d'Enide,

---

1. Il n'est pas question ici de relever exhaustivement les différentes quêtes entreprises par tous les chevaliers errants qui peuplent les romans de Chrétien de Troyes, d'autant plus que le même chevalier entreprend souvent non pas une seule quête mais plusieurs, au cours du récit. Nous nous contenterons de trois exemples qui témoignent des variations que Chrétien de Troyes fait subir à ce thème.

son épouse, c'est le fait que cette dernière lui apprend qu'on ne le considère plus comme un véritable chevalier, à cause de la vie trop facile qu'il mène à ses côtés.

> *Dans ce pays, tous affirment, les noirs, les blonds et les roux, que c'est un grand dommage de vous voir délaisser vos armes. Votre renom en est diminué. L'an dernier, tous avaient coutume de dire qu'on ne connaissait au monde de chevalier plus accompli ni plus vaillant et vous n'aviez nulle part votre égal. Mais aujourd'hui, tous vous tournent en dérision, jeunes et vieux, petits et grands. Tous vous traitent de lâche.*
>
> (*Erec et Enide,* Lettres gothiques,
> Le Livre de Poche, p. 209 et p. 211.)

Erec va donc partir en quête de son honneur perdu ; la particularité de cette quête est qu'il ne sera pas tout seul ; il contraindra, en effet, son épouse, qui a douté de sa valeur comme les autres, à l'accompagner dans sa vie de chevalier errant ; on retrouve cependant les conditions de solitude inhérentes au statut du chevalier errant dans la mesure où Erec interdit à Enide de lui adresser la parole ; ils voyagent donc ensemble mais sans échanger le moindre mot. Cependant Enide, en désobéissant à Erec pour l'avertir d'un danger, le sauvera à plusieurs reprises et Erec, à force de combats menés pour défendre sa vie et celle de sa compagne, retrouvera tout son honneur, sa gloire et l'amour d'Enide.

Yvain, héros principal du *Chevalier au Lion,* se fera chevalier errant, après avoir rencontré et épousé Laudine, pour une raison qui n'est pas sans analogie avec celle d'Erec : Gauvain, son ami, qui est le neveu du roi Arthur, l'accuse de perdre sa valeur et son honneur en restant auprès de sa femme.

> *Comment ? Serez-vous donc de ceux (voici ce que disait monseigneur Gauvain) qui valent moins à cause de leurs femmes ? Par sainte Marie, honte à celui qui se marie pour déchoir. Celui qui a pour amie ou pour*

> *épouse une belle dame doit s'améliorer, et il n'est pas*
> *juste qu'elle continue à l'aimer dès lors que sa valeur*
> *et sa renommée se tarissent. Assurément, vous regret-*
> *terez, un jour, de l'avoir aimée, si vous baissez, car*
> *une femme a vite repris son amour ; et elle n'a pas tort*
> *de retirer son estime à celui qui devient maître de*
> *l'empire, quand il déchoit à cause de son amour.*
>
> (*Le Chevalier au Lion*, Lettres gothiques,
> Le Livre de Poche, p. 247 et p. 249.)

Yvain décide donc de partir avec Gauvain pour témoi-
gner de ses prouesses et de son courage en combattant
dans les tournois. Mais sa quête ne se déroulera pas du
tout de la même façon ni dans les mêmes conditions que
celle d'Erec. Yvain ne part pas avec sa femme mais avec
un autre chevalier, il ne s'illustrera pas dans des combats
impromptus et qui ont pour but de défendre sa propre vie
et celle de son épouse contre des chevaliers rencontrés au
hasard des routes ; ses prouesses seront essentiellement de
l'ordre de la gloire individuelle, il ne se battra pas pour se
défendre lui-même ou pour venir au secours de plus
faibles que lui. Enfin, dans la vanité de cette gloire
acquise dans les tournois, il en arrivera à oublier sa
femme, à qui il avait pourtant promis de revenir dans le
strict délai d'un an. Cette quête faite de futilité mondaine
sera purement négative pour le héros, puisqu'elle le
conduira à la folie, lorsqu'il comprendra qu'il a perdu à
jamais Laudine. Il lui faudra entreprendre une autre quête,
qu'il mènera en solitaire avec son lion, se mettant au
service des faibles et des opprimés, pour parvenir à recon-
quérir Laudine.

Le chevalier errant mis en scène par Chrétien reste
soumis dans sa quête aux deux grandes valeurs qui régissent la société féodale du XIIe siècle : l'honneur acquis en
défendant le droit et la justice, et l'amour courtois. C'est
cet amour courtois qui va devenir le mobile principal de
la quête entreprise par Lancelot dans *Le Chevalier de la
Charrette*, éclipsant les autres. En effet, ce n'est plus pour
défendre son honneur que Lancelot se fera chevalier

errant mais pour retrouver la dame de ses pensées, la reine Guenièvre et pour se soumettre entièrement à elle. Cet amour absolu devient le seul et unique objet de la quête : Lancelot ne pense plus à s'illustrer dans les tournois, il se fera le plus médiocre des chevaliers sur l'ordre de la reine, il ne songe même plus à défendre sa vie, il est capable de se laisser tuer par son adversaire, si la reine le lui demande.

> *« Monseigneur, madame la reine vous mande ceci par ma bouche : que ce soit au pis ! »*
> *À ces mots, il lui répond : oui, de grand cœur ! en homme qui est tout entier à la reine. Il se porte alors contre un chevalier de tout l'élan de son cheval, et, maladroit, manque son coup. Depuis ce moment jusqu'à la tombée du soir, il fit tout du pis qu'il pouvait, puisque ainsi le voulait la reine.*
> (*Le Chevalier de la Charrette*, vv. 5652-5662.)

Les motifs pour lesquels les chevaliers décident de partir en quête sont donc très différents suivant les héros et les données du récit. Ces quêtes quoique différentes de par leur nature apparaissent comme des éléments indispensables à la structure des romans de chevalerie médiévaux, dans la mesure où ces romans sont constitués d'une suite d'aventures et que le déplacement du chevalier errant apparaît comme une nécessité dramatique permettant au conteur de maintenir l'intérêt de son lecteur ou de son auditeur en lui racontant, chaque jour, les nouveaux exploits de son héros. Cependant, aussi passionnante que soit la quête du chevalier, elle suppose dès son début une fin : le chevalier errant n'est pas voué à l'errance et à la solitude toute sa vie, il finit par retourner parmi ses pairs, qui lui font un accueil comparable à celui de l'enfant prodigue, il peut alors raconter ses prouesses et trouver repos et distractions, jusqu'au moment où, las de cette vie de cour, il repartira en quête d'aventures vraiment dignes d'un chevalier.

RÉALITÉ, FICTION ET TECHNIQUE ROMANESQUE
DANS LES ROMANS DE CHRÉTIEN DE TROYES

À quelques décennies près, Chrétien de Troyes n'est pas le premier romancier français. Mais il a donné au jeune genre romanesque une orientation durable, ne serait-ce qu'en l'enracinant dans le monde arthurien. À une époque où la littérature française donne le ton en Europe, son influence a été considérable. Très vite ses romans sont à la fois imités et discutés en France, traduits et adaptés en allemand.

Chrétien de Troyes, en créant le roman arthurien, invente un monde qui possède des personnages, des lois et des réalités qui lui sont propres. Le garant de cet univers imaginaire, le conteur ne l'a cependant pas inventé de toutes pièces, il a réellement existé : il s'agit du roi Arthur. Sur le plan historique, le roi Arthur est un chef de guerre de peu d'importance, qui a vécu en Grande-Bretagne, au VIe siècle ; sa seule action d'éclat est d'avoir repoussé les envahisseurs saxons. C'est dans la première moitié du XIIe siècle que deux écrivains, à la demande de la cour d'Angleterre, sortent ce personnage de l'ombre pour en faire le symbole de la résistance anglaise contre l'envahisseur et de la souveraineté de la monarchie. Il s'agit respectivement de Geoffroy de Monmouth, qui dans son *Historia Regum Britanniae* (1136) accorda une place importante au roi Arthur, et de Wace qui, dans le *Roman de Brut* (1155), adaptation en langue romane de cette « Histoire des Rois Bretons », accrut encore le prestige du roi, le transformant en héros national.

En reprenant le personnage d'Arthur, Chrétien de

Troyes profite de la notoriété conférée à ce roi par ses prédécesseurs, mais il n'a pas du tout la même ambition qu'eux et il ne poursuit pas le même but.

> *À la différence de Wace, Chrétien ne prend pas pour sujet l'Histoire, génération après génération, règne après règne. L'action de chaque roman est concentrée dans le temps et autour du personnage central. En outre, bien que ses romans se situent au temps du roi Arthur, celui-ci n'en est jamais le héros. Il est l'arbitre et le garant des aventures chevaleresques et amoureuses. Le monde arthurien est donc une donnée immuable, qui sert de cadre à l'évolution et au destin du héros. Autrement dit, l'époque du roi Arthur est extraite de la succession chronologique où elle était insérée.*
>
> (Michel Zink, *op. cit.* p. 66.)

De même que Chrétien a remodelé le roi Arthur en le plaçant dans un cadre atemporel, il va emprunter à la matière celtique la plupart de ses personnages : la reine Guenièvre, Erec, Yvain, Gauvain... Mais il fait subir à chacun d'eux des transformations correspondant aux critères du monde de la chevalerie courtoise dans lequel il les fait évoluer. Ainsi Guenièvre, qui chez Geoffroy de Monmouth n'apparaît que comme l'épouse infidèle du roi Arthur, devient dans *Le Chevalier de la Charrette* le modèle de la dame courtoise.

Si l'univers imaginaire des romans de Chrétien ne se trouve pas inscrit dans le déroulement de l'Histoire, il n'en possède pas moins des repères chronologiques, qui permettent d'établir une chronologie relative des événements dans chaque roman. Les grandes fêtes religieuses ou des indications sur les saisons permettent, par exemple, de dater dans l'année le début de l'histoire :

> *Maintenant, je peux commencer l'histoire qui à tout jamais restera en mémoire, autant que durera la chrétienté. Voilà de quoi Chrétien s'est vanté.* Un jour de

> Pâques, à la saison nouvelle, *à Caradigan, son châ-*
> *teau, le roi Arthur avait tenu sa cour.*
>
> (*Erec et Enide,* Lettres gothiques,
> Le Livre de Poche, pp. 29-30.)

> *Chrétien commence son livre à propos du Chevalier de*
> *la Charrette ; la matière et le sens lui sont donnés par*
> *la comtesse, et lui, il y consacre sa pensée, sans rien*
> *ajouter d'autre que son travail et son application.*
> Un jour de l'Ascension, *nous dit-il, le roi Arthur avait*
> *tenu sa cour avec tout le lustre et la beauté qu'il sou-*
> *haitait, comme il convenait à un roi.*
>
> (*Le Chevalier de la Charrette,* vv. 24-33).

> C'était au temps *où les arbres fleurissent, les bois se*
> *feuillent, les prés verdissent, où les oiseaux dans leur*
> *latin, avec douceur, chantent au matin, et où toute*
> *chose s'enflamme de joie.*
>
> (*Le Conte du Graal,* Lettre gothiques,
> Le Livre de Poche, p. 31).

Tout au long de l'histoire qu'il raconte, Chrétien pose des repères chronologiques de cette nature, qui contribuent à donner une épaisseur temporelle à son récit. Il pratique de la même façon avec l'espace. Le roman arthurien possède, en effet, une géographie qui lui est particulière. Le royaume du roi Arthur est appelé pays de Logres, il correspond à la Grande-Bretagne et à la Petite-Bretagne (Cornouaille). Arthur, lorsqu'il se déplace dans son royaume va de son château de Tintagel en Cornouailles à ses châteaux du Pays de Galles : Caradigan, Camaalot, Carlion ou Carduel.

> *Le noble roi Arthur de Bretagne, dont la prouesse nous*
> *enseigne à être vaillants et courtois, réunit sa cour*
> *avec la magnificence convenant à un roi, lors de cette*
> *fête qui coûte tant qu'on l'appelle avec justesse la Pen-*
> *tecôte. Le roi était à Carduel, au pays de Galles.*
>
> (*Le Chevalier au Lion,* Lettres gothiques,
> Le Livre de Poche, p. 49.)

Il est possible de faire coïncider certains noms de lieux cités par Chrétien avec des lieux de la géographie réelle. On suppose, par exemple, que Carduel correspond à Carlisle, au nord-ouest de l'Angleterre. Certains autres endroits relèvent cependant nettement de la féerie et demeurent des lieux plus mythiques que réels ; il en va ainsi du royaume de Laudine dans *Le Chevalier au Lion* ou encore du royaume de Gorre dont nul ne revient dans *Le Chevalier de la Charrette*. Chrétien de Troyes a procédé avec les lieux de la même façon qu'avec les personnages : il a emprunté des lieux à la réalité géographique, pour ensuite les déréaliser en les plaçant dans une histoire atemporelle et utopique. Néanmoins, comme ses héros et son univers sont ancrés dans la réalité, Chrétien suppose une certaine familiarité de son public avec eux, ils sont crédibles et n'ont pas besoin d'être décrits et présentés longuement.

> *Aucun roman ne présente le roi Arthur, la reine Guenièvre, la Table Ronde, ses usages, ses chevaliers que le poète se contente d'énumérer d'un air entendu lorsque leur présence rehausse une cérémonie, un tournoi, une fête. (...) Le monde de ces romans est un monde chargé de sens avec une évidence mystérieuse.*
> (Michel Zink, *op. cit.*, p. 67.)

L'univers romanesque ainsi créé par Chrétien sert de cadre à l'ensemble de son œuvre. Il est le premier romancier français à resserrer chacun de ses romans sur le destin d'un personnage central. Aventure, amour et prouesse chevaleresque sont les trois centres d'intérêt qui vont évoluer et s'affiner d'œuvre en œuvre jusqu'au dernier roman, *Le Conte du Graal,* que l'auteur, pour une raison inconnue n'a pu terminer.

Dans le domaine du style et de la forme poétique, il est le premier à briser le couplet d'octosyllabes. Les premiers romans français sont écrits en octosyllabes à rimes plates (aabbccdd, etc.). À l'origine, la phrase s'arrête toujours sur le second vers du couplet. Cette coïncidence du découpage par la rime et du découpage syntaxique facilite la compréhension du texte, qui, rappelons-le, n'est pas ponctué dans les manuscrits. Chrétien innove en la rompant. Chez lui, la phrase peut s'arrêter au premier vers du couplet, et une autre commencer au second vers. Son style y gagne en fluidité et en nuances, avec un mélange de ruptures et d'enchaînements à peine perceptibles qui n'est qu'à lui.

Cette souplesse nouvelle de l'écriture en vers a permis à Chrétien de donner libre cours à un style qui constitue une sorte de griffe littéraire. On reconnaît ses récits à la vivacité du style et à une certaine distance humoristique qui permet une complicité du conteur avec son public.

> *Chrétien ne se distingue pas seulement par l'orientation nouvelle qu'il donne au roman, mais aussi par un ton, un style, un type de narration qui ne sont qu'à lui. Le ton de Chrétien, c'est d'abord son humour qui se manifeste par le recul qu'il prend – non pas constamment, mais de temps en temps et de façon très légère – par rapport à ses personnages et aux situations dans lesquelles il les place, grâce à un aparté, une incise du narrateur, en soulignant les contrastes ou l'aspect mécanique d'un comportement, d'une situation, ce qu'ils ont d'inattendu ou de trop attendu, en faisant ressortir avec lucidité l'aveuglement d'un personnage.* (...) Chrétien de Troyes ne marque pas seulement une étape importante dans le développement de notre littérature. C'est un des plus grands écrivains français.
>
> (Michel Zink, *op. cit.* p. 68.)

Le roman et le manuscrit ; le conteur et le copiste.

L'imprimerie, on le sait, apparaît à la fin du Moyen Âge. À l'époque de Chrétien de Troyes, tout livre est un manuscrit – mot qui signifie précisément «écrit à la main». Copiés sur du parchemin, parfois ornés de miniatures, les manuscrits sont des objets rares et précieux. Par définition, chacun est unique.

Ainsi, *Le Chevalier de la Charrette* nous est connu à travers huit manuscrits, copiés par huit copistes différents. Aucun de ces textes n'est exactement semblable à l'autre, car le copiste n'a aucun scrupule à interpréter, à modifier un mot, une phrase voire un passage entier, qu'il comprend mal ou dont le modèle qu'il a sous les yeux lui livre un texte déjà corrompu. En outre, il n'est pas à l'abri des fautes dues à la fatigue ou à l'étourderie. Il recopie en effet des milliers de vers sans toujours chercher à les comprendre et souvent sans les relire.

Les manuscrits diffèrent également selon leur région d'origine. Les copistes qui parlent des dialectes différents du nord au sud de la France introduisent les particularités de leur langue dans les textes qui leur sont donnés à recopier. Toutes ces différences qui existent entre les manuscrits conservant une même œuvre s'appellent des variantes ; elles contribuent à faire des romans médiévaux des textes riches par leur pluralité de sens et de traits linguistiques. Elles compliquent cependant considérablement la tâche des chercheurs qui éditent ces textes. Parmi les manuscrits qui nous ont conservé l'œuvre, ils doivent en effet choisir un manuscrit de base, sur des critères d'ancienneté et de qualité de la copie, et comparer son texte avec les variantes des autres manuscrits. Ainsi, la présente traduction du *Chevalier de la Charrette* a été faite d'après une édition du texte en ancien français établie d'après un des manuscrits, dont le texte a été comparé à celui des autres et contrôlé grâce à eux[1]. À ces difficultés viennent s'en ajouter d'autres, comme l'absence de ponctuation dans les manuscrits ou les abréviations utilisées par les copistes. Fort heureusement, dans la plupart des cas, les manuscrits sont en bon état de conservation. Cela s'explique en partie par le fait que le livre au Moyen

---

1. Voir *Le Chevalier de la Charrette*, Lettres gothiques, Édition critique de Charles Méla d'après tous les manuscrits existants, Paris, Le Livre de Poche, 1992.

Âge était un objet de luxe, souvent orné d'enluminures précieuses[1], et qu'il était manipulé par peu de personnes. La lecture des textes, en effet, se faisait à haute voix par quelqu'un qui savait lire devant un auditoire ; on trouve une description de cette pratique dans *Le Chevalier au Lion* de Chrétien de Troyes[2] :

Mesire Yvains el vergier entre
Et aprés lui toute sa route ;
Apuyé voit deseur son coute
Un prodomme qui se gesoit
Seur .i. drap de soie, et lisoit
Une puchele devant li
En un rommans, ne sai de cui,
Et pour le rommans escouter
S'i estoit venue acouter
Une dame, et estoit sa mere.
Et li prodons estoit sen pere.

Monseigneur Yvain entre dans le verger
avec, derrière lui, toute son escorte.
Il voit, appuyé sur son coude,
un gentilhomme qui était allongé
sur un drap de soie ; et devant lui
une jeune fille lisait à haute voix
un roman, je ne sais pas au sujet de qui.
Et, pour écouter le roman,
une dame était venue s'accouder près de là :
c'était sa mère.
Et le gentilhomme était son père.

Si l'on considère le texte ci-dessus rédigé en vers, qui provient du manuscrit conservé à la Bibliothèque Nationale sous le n° 1433 du fonds français et qui date de la fin du XIIIe siècle ou du début du XIVe, on s'aperçoit que la

---

1. Les manuscrits étaient décorés de lettres peintes et de miniatures, peintures très fines de petits sujets. **2.** Voir *Le Chevalier au Lion*, Lettres gothiques, Édition critique et traduction de David F. Hult, Paris, Le Livre de Poche, 1994, pp. 478-479.

langue utilisée est déjà identifiable comme étant du français, mais c'est un français vieux de plusieurs siècles et marqué par le dialecte picard, comme le montre l'emploi du terme *puchele* pour *pucele* ou encore la forme de l'adjectif possessif *sen (pere)* utilisée à la place de *son*. Les formes grammaticales, l'orthographe et le sens des mots ont changé[1], la langue a évolué au cours des huit siècles qui nous séparent des romans de Chrétien de Troyes, ce qui justifie une traduction de ces textes en français moderne, seule façon pour le lecteur moderne non spécialiste de la langue médiévale d'éviter les contresens et de pouvoir comprendre pleinement ces grandes œuvres de notre littérature. C'est ce à quoi vise la présente traduction du *Chevalier de la Charrette*, dont le texte versifié rédigé en ancien français commence ainsi :

> *Puis que ma dame de Chanpaigne*
> *Vialt que romans a feire anpraigne,*
> *Je l'anprendrai molt volentiers*
> *Come cil qui est suens antiers*

---

1. Ainsi, le terme *pucele* sert seulement ici à désigner une jeune fille très jeune, il ne peut donc être conservé tel quel lorsque l'on traduit le texte en français moderne. Les termes de *sire/seigneur*, *dame* et *demoiselle* ont également des valeurs qui diffèrent de celles que nous leur donnons aujourd'hui. On trouve, dans les récits du Moyen Âge, le terme de *sire/seigneur* utilisé pour désigner aussi bien un roi qu'un vilain. En effet, des enfants l'utilisent à l'égard de leur père, des épouses à l'égard de leur mari ; des demoiselles s'en servent pour engager la conversation avec un homme qu'il soit noble ou non, on trouve enfin le terme employé par des chevaliers pour s'adresser l'un à l'autre. Il en va de même avec le terme *dame*, qui peut-être employé indifféremment par le roi pour s'adresser à la reine, par un chevalier pour appeler son épouse ou son amie, par l'enfant s'adressant à sa mère, par une demoiselle parlant à sa suzeraine ou encore par un personnage, noble ou non, interpellant une femme du peuple. De façon générale, le terme *dame* désigne une femme mariée. La femme non mariée se trouve la plupart du temps nommée *demoiselle*. Ce terme désigne une jeune fille noble ou supposée telle, il n'a aucune connotation particulière. En revanche, le terme *amie* possède indéniablement une valeur affective, il émane le plus souvent d'un chevalier qui exprime à une demoiselle son affection ou sa reconnaissance. Ce terme est très rarement employé à propos d'une dame, lorsque, néanmoins, c'est le cas, il traduit une tendresse amoureuse.

De quanqu'il puet el monde feire
Sanz rien de losange avant treire.
Mes tex s'an poïst antremetre
Qui i volsist losenge metre,
Si deïst, et jel tesmoignasse,
Que ce est la dame qui passe
Totes celes qui sont vivanz,
Si con les funs passe li vanz
Qui vante en mai ou en avril. (...)
Del Chevalier de la charrete
Comance Crestïens son livre,
Matiere et san li done et livre
La contesse et il s'antremet
De panser, que gueres n'i met
Fors sa painne et s'antancïon

Puisque ma dame de Champagne
veut que j'entreprenne de faire un roman,
je l'entreprendrai très volontiers,
en homme qui est entièrement à elle
pour tout ce qu'il peut en ce monde faire,
sans avancer la moindre flatterie.
Tel autre s'y emploierait
avec le désir d'y mettre un propos flatteur,
il dirait, et je m'en porterais témoin,
que c'est la dame qui surpasse
toutes celles qui sont en vie,
comme surpasse tout parfum la brise
qui vente en mai ou en avril.
Du *Chevalier de la Charrette*
Chrétien commence son livre :
la matière et le sens lui sont donnés
par la comtesse, et lui, il y consacre
sa pensée, sans rien ajouter d'autre
que son travail et son application[1].

---

1. *Le Chevalier de la Charrette, op. cit.*, Lettres gothiques, vv. 1-13
et 24-29, pp. 40-41.

La fortune du personnage de Lancelot

Le personnage du chevalier de la Charrette, Lancelot,
dont Chrétien a inventé les aventures pour plaire à sa
protectrice, Marie de Champagne, va connaître un grand
succès littéraire et avoir une riche postérité. Très rapidement, au milieu du XIIIe siècle, quelques dizaines d'années
seulement après l'apparition du récit de Chrétien, un
immense roman en prose, le *Lancelot-Graal*, va reprendre
et développer le personnage de Lancelot, en en faisant le
protagoniste central d'une histoire qui s'étend sur des
milliers de pages. Dans le texte du *Lancelot-Graal*, on
peut distinguer plusieurs grands moments : l'*Histoire du
Saint Graal* et le *Merlin* constituent une sorte de prologue
qui, paradoxalement, semble avoir été rajouté bien après
la première rédaction ; au centre se trouve le *Lancelot*, qui
est la partie la plus longue du récit ; la *Quête du Saint
Graal* et la *Mort du roi Arthur* viennent conclure ce cycle
romanesque gigantesque. Le passage du vers à la prose a
permis au roman de prendre une ampleur qu'il n'avait pas
connue au XIIe siècle, le *Lancelot-Graal* a donné de
l'épaisseur au personnage de Lancelot en développant
certains traits déjà présents chez Chrétien et en en inven-
tant beaucoup d'autres. Ainsi Chrétien fait allusion au fait
que Lancelot a été élevé par une fée :

> *Cele dame une fee estoit*
> *Qui l'anel doné li avoit,*
> *Et si le norri an s'anfance,*
> *S'avoit an li molt grant fiance*
> *Que ele an quel leu que il fust*
> *Secorre et eidier li deüst.*

> Cette dame était une fée
> qui lui avait donné l'anneau
> et qui l'avait élevé durant son enfance ;

> il avait en elle une foi entière,
> sûr qu'il était d'être par elle,
> toujours secouru, où qu'il fût[1].

Le *Lancelot* en prose va partir de cette indication du conteur champenois pour bâtir un long développement sur ce qu'on appelle les *Enfances* de Lancelot[2] : Lancelot va donc avoir un père, Ban, le roi de Bénoïc, et une mère, Hélène. Le roi Ban mourra, dépossédé de son royaume, alors que Lancelot est en bas âge, et c'est la Dame du Lac, la fée Ninienne, qui, après avoir arraché Lancelot à sa mère, se chargera de l'éducation de l'enfant dans son féerique royaume aquatique.

> *À tout ce que dit la reine la demoiselle ne répond mot. Lorsqu'elle la voit s'approcher, elle se lève, avec l'enfant qu'elle tient entre ses bras, se dirige tout droit vers le lac, joint les pieds et s'y jette. Quand la reine voit son fils qui tombe dans le lac, elle se pâme.*
> (*Lancelot du Lac*, t. 1, Lettres gothiques,
> Le Livre de Poche, p. 77.)
> *Le conte dit que la demoiselle qui emporta Lancelot dans le lac était une fée. En ce temps-là on appelait fées toutes celles qui se connaissaient en enchantements et en sorts ; et il y en avait beaucoup à cette époque, en Grande-Bretagne plus qu'en tout autre pays. (...) Cette demoiselle, dont le conte parle, tenait de Merlin tout ce qu'elle savait de science occulte ; et elle l'apprit par une très subtile ruse.* (*Id.*, p. 91.)

C'est la fée Ninienne, dans le *Lancelot* en prose, qui amènera Lancelot à la cour du roi Arthur, lorsqu'il sera en âge de devenir chevalier ; c'est donc elle qui sera à l'origine de la première rencontre de Lancelot avec la reine Guenièvre, début de la grande passion qui unira les deux

---

1. *Id.*, vv. 2345-2355, pp. 200-201. **2.** Raconter les *Enfances* du héros fait partie de la tradition romanesque au Moyen Âge.

amants. L'histoire de Lancelot est aussi celle des autres chevaliers de la Table Ronde, en particulier de ses deux cousins, Lionel et Bohort ; Gauvain et ses frères, ainsi que Perceval ne cessent également de traverser la route et les aventures de Lancelot. Le *Lancelot-Graal* innove par rapport au récit de Chrétien dans la mesure où il entrelace les péripéties amoureuses de Lancelot avec les aventures du Saint Graal. Cette nouvelle donnée romanesque fait que Lancelot est considéré comme adultère et impur et que, par conséquent, il ne peut mener à bien la quête mystique du Graal. Cependant il reste à tout jamais le plus valeureux chevalier, et seul quelqu'un de sa descendance semble à même de réussir là où il a échoué. Les auteurs du *Lancelot-Graal* lui inventent donc un fils, Galaad, pur en actes et en pensées, qui arrivera, lui, jusqu'au Graal. Quant à Lancelot, il finira sa vie dans la pénitence et l'ascèse, pour expier son péché d'adultère.

La figure de Lancelot créée par Chrétien de Troyes, amant courtois de la reine Guenièvre, est à partir du *Lancelot-Graal*, ancrée à jamais dans la littérature, même si l'époque du Classicisme rejette, momentanément, dans l'ombre les légendes arthuriennes. L'importance du roman arthurien décline, en effet, à partir du XVIe siècle, en France. On trouve cependant encore à la Renaissance des œuvres qui mettent en scène le personnage de Lancelot, comme le *Tristan* du Lyonnais Pierre Sala, dont les deux héros sont Tristan et Lancelot, réunis par leur passion respective pour Iseut et Guenièvre.

Hors de France, un écrivain anglais, Thomas Malory, au XVe siècle, dans une œuvre connue sous le titre *Le Morte Darthur,* traduira en langue anglaise les aventures du roi Arthur ainsi que celles de Lancelot. C'est à partir des histoires des chevaliers de la Table Ronde traduites en anglais par Thomas Malory qu'une longue tradition littéraire va se perpétuer dans la littérature anglo-saxonne autour du monde arthurien et du personnage de Lancelot. De Mark Twain avec son récit fantastique et satirique, *Un Yankee du Connecticut à la cour du roi Arthur,* qui transporte un Américain du XIXe siècle dans le monde féodal, de l'étrange *King* de Donald Barthelme, qui unit lui aussi à sa manière le monde arthurien à l'époque actuelle, jusqu'aux romans récents de l'Américaine Marion Zimmer Bradley, qui dans *Les Dames du Lac* donne à l'univers arthurien une coloration ethnologique et matriarcale à partir du personnage de la fée du Lac qui a élevé Lancelot, le personnage du Chevalier de la Charrette aura traversé les siècles, en s'adaptant, en se transformant, mais en demeurant la figure mythique du meilleur chevalier et de l'amant parfait. Encore ne parle-t-on ici que des œuvres où apparaît explicitement le personnage de Lancelot. L'influence du modèle de quête et d'aventures offert par le roman médiéval s'étend beaucoup plus loin. On la reconnaît par exemple très nettement dans les *Sept Piliers de la sagesse* de T.E. Lawrence.

La littérature n'est pas le seul art à avoir permis au personnage de Lancelot de prolonger sa renommée jusqu'à nos jours. De nombreux films ont mis en scène le héros de Chrétien de Troyes : on peut citer pour mémoire le Lancelot hollywoodien de Richard Thorpe mis en scène dans *Les Chevaliers de la Table Ronde* en 1953, le *Lancelot* à la fois sanglant et épuré de Robert Bresson en 1974 et le tout dernier *Lancelot, First Knight,* de Jerry Zucker (1995), qui s'inscrit dans la lignée de l'*Heroic Fantasy*. Le héros de Chrétien a évolué sur la pellicule selon les sensibilités des réalisateurs et les conceptions esthétiques qui ont gouverné tour à tour le 7e art.

Le personnage de Lancelot ne cesse d'intriguer, de fasciner. Inventé en grande partie par Chrétien de Troyes, il a bénéficié d'une réputation qui lui a fait traverser espace et temps, le consacrant comme un véritable mythe culturel.

LEXIQUE

Adouber : faire chevalier.

Arçons : pièces en arcade qui forment le corps de la selle.

Bretèche : ouvrage de bois crénelé servant à attaquer ou à défendre les places fortes.

Chausses : habillements pour les jambes qui passent sous la plante des pieds.

Coiffe : coiffure de mailles ou de plaques de fer enveloppant la partie supérieure du crâne.

Destrier : cheval fougueux et rapide utilisé par le chevalier au combat ou dans les tournois.

Écu : bouclier.

Émerillon : petit faucon servant à la chasse.

Étrivière : courroie par laquelle l'étrier se trouve suspendu à la selle.

Frein : mors du cheval.

Gonfanon : étendard.

Guiche : courroie du bouclier.

Guimpe : voile fait de toile fine, de lin ou de mousseline, couvrant une partie de la tête, le cou et les épaules des femmes.

Haubert : tunique de mailles d'acier à manches et habituellement à capuchon.

Heaume : sorte de casque coiffant la tête du chevalier.

Housse : habillement d'étoffe du cheval de guerre.

Loges : galeries placées à l'extérieur d'un édifice.

Nasal : pièce de l'armure faisant partie du heaume et protégeant le nez du chevalier.

Palefroi : cheval destiné à la marche ou à la parade.

Poitrail : pièce du harnais du cheval servant à protéger le poitrail de l'animal.

Poterne : porte dans la muraille d'enceinte d'un château, de fortifications.

Roncin : cheval de somme.

Souslik : petit écureuil.

Vassal : homme lié personnellement à un seigneur, un suzerain, de qui il détient la possession d'un fief.

Vavasseur : arrière-vassal, noble qui, dans la hiérarchie de la société du Moyen Âge, tient sa terre d'un vassal qui, lui-même la tient d'un seigneur.

Ventaille : pièce de l'armure recouvrant le menton et tenant au haubert.

INDICATIONS BIBLIOGRAPHIQUES

Édition et traduction de référence

La traduction du *Chevalier de la Charrette* contenue dans le présent volume est reprise de :

Chrétien de Troyes, *Le Chevalier de la Charrette ou le Roman de Lancelot*. Édition critique d'après tous les manuscrits existants, traduction, présentation et notes de Charles Méla, Paris, Le Livre de Poche, Lettres gothiques, 1992 (texte original en ancien français et traduction en regard).

Chrétien de Troyes, *Romans, suivis des Chansons avec, en appendice, Philomena*, sous la direction de Michel Zink, Paris, Le Livre de Poche, La Pochothèque, 1994 (tous les romans de Chrétien de Troyes, publiés séparément dans la collection Lettres gothiques, sont réunis en un seul volume ; textes originaux en ancien français et traductions en regard).

Autres éditions

Christian von Troyes, *Sämtliche erhaltene Werke*, IV, *Der Karrenritter (Lancelot)*, herausgegeben von Wendelin Foerster, Halle, Max Niemeyer, 1899 (réimpr. Amsterdam, Ed. Rodopi, 1965).

Les Romans de Chrétien de Troyes, édités d'après la copie de Guiot, III. *Le Chevalier de la Charrette*, publié par Mario Roques, Paris, Champion, 1958 (Classiques Français du Moyen Âge 86).

Lancelot or The Knight of the Cart, Edited and translated by William W. Kibler, Garland Library of Medieval

Literature, 1, Series A, New York and London, Garland Publishing, Inc., 1981.

Chrétien de Troyes, *Le Chevalier de la Charrette (Lancelot)*, édition bilingue de A. Foulet et Karl O. Uitti, Paris, Bordas, Classiques Garnier, 1989.

Autres traductions

Chrétien de Troyes, *Le Chevalier de la Charrette (Lancelot)*, roman traduit de l'ancien français par Jean Frappier, Paris, Champion, 1962, nouv. éd. 1967.

Voir également dans les éditions ci-dessus mentionnées les traductions de W. Kibler (en anglais) et de A. Foulet et K. Uitti.

Chrétien de Troyes, *Œuvres complètes,* sous la direction de Daniel Poirion, Paris, Gallimard, Bibliothèque de la Pléiade, 1994 (traductions, avec, en bas de page, le texte original).

Études

Danielle Buschinger, éd. *Actes du colloque des 14 et 15 janvier 1984, Lancelot,* Göppingen, Kümmerle Verlag, 1984 (G.A.G. 415).

Tom P. Cross and William A. Nitze, *Lancelot and Guenevere : A study in the Origins of Courtly Love,* Chicago, Chicago, 1930, Modern Philology Monographs of the University of Chicago.

Jean Frappier, *Chrétien de Troyes,* Paris, Hatier, Connaissance des Lettres, nouv. éd. 1968 (pp. 122-144). Voir aussi son article sur « Le prologue du *Chevalier de la Charrette* et son interprétation », dans *Romania* 93, 1972, pp. 337-377.

Margaret Victoria Guerin, *Mordred's Hidden Presence : the Skeleton in the Arthurian Closet,* dissertation (Ph. D.), Yale, 1985, pp. 13-81 (parue en 1995 aux éditions Stanford University Press, sous le titre : *The Fall of Kings and Princes. Structure and Destruction in Arthurian Tragedy*).

Douglas Kelly, *« Sens » and « Conjointure » in the « Chevalier de la Charrette »,* La Haye, Mouton, 1966.

Charles MÉLA, *La Reine et le Graal,* Paris, Éditions du Seuil, 1984 (pp. 256-323).

Gaston PARIS, «Études sur les romans de la Table Ronde. Lancelot du Lac», dans *Romania* 10 (1881) pp. 465-496 ; 12 (1883) pp. 459-534.

Jacques RIBARD, *Chrétien de Troyes, Le Chevalier de la Charrette. Essai d'interprétation symbolique,* Paris, Nizet, 1972.

Jean RYCHNER, *Du Saint Alexis à François Villon, Études de littérature médiévale,* Genève, Droz, 1985, PRF 169 (pp. 83-159).

Leslie T. TOPSFIELD, *Chrétien de Troyes : a Study of the Arthurian Romances,* Cambridge, Cambridge University Press, 1981 (pp. 105-174).

Philippe WALTER, *La Fête dans les romans de Chrétien de Troyes, contribution à la méthodologie des études thématico-textuelles,* Thèse de 3e cycle, exemplaire dactylographié, Faculté des Lettres de Metz, 1979 (pp. 156-251).

Philippe WALTER, *La Mémoire du temps. Fêtes et calendriers de Chrétien de Troyes à La Mort Artu,* Paris, Champion, 1990, Nouvelle Bibliothèque du Moyen Âge 13.

Tradition manuscrite et critique textuelle

Alexandre MICHA, *La Tradition manuscrite des romans de Chrétien de Troyes,* Genève, Droz, nouv. éd. 1966, PRF 90. (pp. 128-145, 226-228, 285-286, 309-310, 334-339, 346-352, 393).

L.J. RAHILLY, «La Tradition manuscrite du *Chevalier de la Charrette* et le manuscrit Garrett 125», dans *Romania* 95, 1974, pp. 395-413.

Jean FRAPPIER, «Remarques sur le texte du *Chevalier de la Charrette*», Mélanges offerts à Charles Rostaing, Liège, 1974, pp. 317-331.

Alfred FOULET, «Appendix I : On Editing Chrétien's Lancelot», dans D. Kelly, éd., *The Romances of Chrétien de Troyes : A Symposium,* Lexington, KY, French Forum Publishers, 1985, pp. 287-303.

Alfred FOULET, « On Grid-Editing Chrétien de Troyes », dans *L'Esprit Créateur,* 27, 1, 1987, pp. 15-23.

Karl D. UITTI (avec A. FOULET), « On Editing Chrétien de Troyes : Lancelot's two Steps and their Context », dans *Speculum* 63, 1988, pp. 271-292.

Autres romans dont Lancelot est le héros ou l'un des héros

Lancelot du Lac. Roman français du XIIIᵉ siècle. Texte présenté, traduit et annoté par François Mosès d'après l'édition d'Elspeth Kennedy. Préface de Michel Zink, et *Lancelot du Lac,* tome II. Texte présenté, traduit et annoté par Marie-Luce Chênerie, d'après l'édition d'Elspeth Kennedy, Paris, Le Livre de Poche, Lettres gothiques, 1991 et 1993 (volumes suivants à paraître).

Perlesvaus. Le Haut Livre du Graal. Récit en prose traduit et présenté par Christiane Marchello-Nizia (extraits), dans *La Légende arthurienne*, sous la direction de Danielle Régnier-Bohler, Paris, Robert Laffont, Bouquins, 1989, pp. 119-309.

Ouvrages de référence

Emmanuèle BAUMGARTNER, *Le Récit médiéval, XIIᵉ-XIIIᵉ siècles*, Paris, Hachette, Contours littéraires, 1995.

Dictionnaire des Lettres françaises. Le Moyen Âge. Édition entièrement revue et mise à jour par Geneviève Hasenohr et Michel Zink, Paris, Le Livre de Poche, la Pochothèque, 1992.

Catherine VINCENT, *Introduction à l'histoire de l'Occident médiéval*, Paris, Le Livre de Poche, Références, 1995.

Michel ZINK, *Introduction à la littérature française du Moyen Âge*, Paris, Le Livre de Poche, Références, 1993.

TABLE

Préface 5
Résumé chronologique 11
Les personnages principaux............................... 15

LE CHEVALIER DE LA CHARRETTE

Prologue 19
Première journée, l'enlèvement de la reine et la charrette 20
Deuxième journée, le Gué défendu et l'Hôtesse amoureuse 30
Troisième journée, le Pré aux jeux et le Cimetière futur 44
Quatrième journée, le Passage des Pierres et le soulèvement de Logres 62
Cinquième journée, l'Orgueilleux et la demoiselle à la mule 69
Sixième journée, Le Pont de l'Épée et le roi Bademagu... 78
Septième journée, le combat avec Méléagant et l'hostilité de Guenièvre...................................... 87
Huitième et neuvième journées, les méprises et la nuit d'amour.. 98
Dixième journée, le sang sur les draps et la trahison du nain 108

Quelque temps après : le tournoi du Pis et la femme
du sénéchal 118

Lancelot emmuré et la sœur de Méléagant........... 132

Un an plus tard, le dernier combat et la mort de
Méléagant 141

Commentaire

Les débuts du roman 153

Le chevalier errant 162

Réalité, fiction et technique romanesque 168

Lexique 181

Indications bibliographiques 183

Achevé d'imprimer en septembre 2008, en France sur Presse Offset par
Maury-Imprimeur - 45330 Malesherbes
N° d'imprimeur : 139954
Dépôt légal 1re publication : juin 1996
Édition 08 - septembre 2008
LIBRAIRIE GÉNÉRALE FRANÇAISE - 31, rue de Fleurus - 75278 Paris Cedex 06